Jürgen Franzke u.a.

Marx meets Wilson

Schrenk-Verlag

Reihe **Buchfranken** - Bücher über und aus Franken
Herausgegeben von Prof. Dr. Hermann Glaser † und Dr. Johann Schrenk

Bd. 20 Jürgen Franzke u.a., Marx meets Wilson – Der Philosoph und der Lokomotivführer der ersten deutschen Eisenbahn

Bd. 1 Godehard Schramm, Drei ganz Besondere
Bd. 2 Günter Höhne (Hg.), Des Flusses und der Liebe Wellen
Bd. 3 Siegfried Kett, Erhellung und Beschleunigung
Bd. 4 Winston Kelley, Amerikanische Dichter & Denker in Franken
Bd. 5 Hermann Glaser, Zwischen Furchenglück und Sphärenflug
Bd. 6 Hermann Glaser (Hg.), Lukullus in Franken
Bd. 7 Otto Glaser u.a., Gedichte von Vergessenen
Bd. 8 Rainer Hambrecht u.a., Das braune Franken
Bd. 9 Franz Sonnenberger, Der Brückenbauer
Bd. 10 Hermann Glaser, Irgendwie traurig, vielleicht auch heiter
Bd. 11 Bernd Siegler/Chr. Bausenwein, Franken Fußball I
Bd. 12 Bernd Siegler/Chr. Bausenwein, Franken Fußball II
Bd. 13 Jürgen Walter, Ich kann nicht mehr zurück ...
Bd. 14 Manfred Schreiner, Mit schüchternem Stolz ...
Bd. 15 Michaela Domes (Hg.), Die ganze Welt ist Bühne ...
Bd. 16 Dieter Gärtner, Der Medicus von Bamberg
Bd. 17 Günther Kraus, Alles hat seine Zeit
Bd. 18 Hermann Glaser, Geburtstag bei Mörderinnen
Bd. 19 Fridhelm Klein, 1000 Tageszeichnungen

Sonderband 01 Hermann Glaser (Hrsg.), In Franken wieder Heimat finden
Sonderband 02 Horst Schäfer: Lichtbild(n)er

Sie können die Reihe Buchfranken auch gerne abonnieren.
Details dazu unter: www.buchfranken.de

Jürgen Franzke
Regine Franzke
Hermann Glaser
Johann Schrenk
Hendrik Bebber

Marx meets Wilson

Der Philosoph und der Lokomotivführer
der ersten deutschen Eisenbahn

Facts & Fakes

Bücher über und aus Franken
im Schrenk-Verlag

Bibliografische Informationen der Deutschen Nationalbibliothek
Die Deutsche Nationalbibliothek verzeichnet diese Publikation
in der Deutschen Nationalbibliografie;
detaillierte bibliografische Daten sind im Internet über
http://www.dnb.de abrufbar

Impressum

Inh. Dr. Johann Schrenk
Alramweg 3, 91187 Röttenbach
schrenk@buchfranken.de / www.buchfranken.de
Satz und Layout: Schrenk-Verlag
Redaktion: Hermann Glaser und Johann Schrenk
Cover: Gestaltung Schrenk-Verlag, unter Verwendung eines kolorierten
Postkartenmotivs aus dem Jahre 1902: „Die Ludwigseisenbahn auf
der Strecke Fürther Straße" (Ausschnitt) © Museum Industriekultur
Herstellung: BoD – Books on Demand, Norderstedt

Originalausgabe 2018
ISBN 978-3-924270-29-2

INHALT

Hermann Glaser

Zu diesem Buch

In der abendländischen Kultur- und Geistesgeschichte kommt es immer wieder vor, dass Ereignisse bzw. Vorgänge sich als wirkungsmächtig erweisen, die gar nicht stattgefunden haben, sondern aus verschiedenen Gründen erfunden bzw. erdacht und dann verbreitet wurden.

So dürfte zum Beispiel der Bericht über seine Reise an den Hof des Mongolenherrschers Ende des 13. Jahrhunderts, die der Venezianer Marco Polo als genuesischer Gefangener einem Gefährten diktierte und dadurch großes Aufsehen fand, mehr seiner Fantasie zuzuschreiben sein, als dass er alles real erlebt hätte.

Im 18. Jahrhundert erregte der schottische Dichter James Macpherson Aufsehen, als er vorgab, alte gälische Lieder des blinden Helden und Sängers Ossian entdeckt zu haben; sie waren aber seiner Feder entsprungen.

Am bekanntesten dürfte die fingierte Besteigung des Berges Mont Ventoux durch Francesco Petrarca 1336 geworden sein, da der schweizerische Jakob Burckhardt sie in seinem Werk „Die Kultur der Renaissance in Italien" als wichtigen Markstein für den Beginn der Renaissance und damit der Neuzeit bezeichnete (und zitierte).

Petrarca behauptete, er habe sofort nach der Rückkehr seinem geistlichen Mentor, dem Augustiner Francesco Diongi, in einem Brief davon berichtet. „Den höchsten Berg unserer Gegend, der nicht unverdienterweise der windige (ventosus) genannt wird, habe ich gestern bestiegen, lediglich aus Verlangen, die namhafte Höhe des Ortes kennenzulernen."

Die Erfahrung der Weite des Raumes eröffnete eine neue ästhetische Dimension. Als Künstler zwischen Mittelalter und Neuzeit empfand Petrarca den Gipfelblick als Faszination und Versuchung. „Ich war wie betäubt, ich gestehe es." Die gewaltige Aussicht von den Alpen bis nach Marseille und zur Rhône, ja fast bis zu den Pyrenäen, zeigte ihm die Schönheit des

Irdischen; doch regte sich beim Dichter auch „schlechtes Gewissen“: Eigentlich sei nichts bewundernswert, außer der auf Gott ausgerichteten inneren Welt. Durch Meditation versuchte Petrarca, sein Gleichgewicht wiederzufinden. Dabei schlug er schuldbewusst den mitgenommenen „Gottesstaat“ des Augustinus auf, in dem es heißt, dass der Mensch sich schämen müsse, wenn er die Gipfel der Berge, die ungeheuren Fluten des Meeres, die weit dahin fließenden Ströme, den Saum des Ozeans und die Kreisbahnen der Gestirne statt der menschlichen Seele bestaune.

Heute weiß man, dass der Brief erst 17 Jahre später entstand – der vorgegebene Adressat war bereits zehn Jahre tot; fraglich ist ebenso, ob Petrarca überhaupt auf dem Berg war: Ein frühes Beispiel also für virtuelle Realität.

Goethe hat mit dem Titel seiner Autobiografie die „Fließstruktur“ von Realität und Fantasie benannt: „Dichtung und Wahrheit.“

Mit den Texten dieses Buches changieren auch wir zwischen facts und fakes*, ein „Spiel“, zu dem wir die Leserschaft einladen.

Insgesamt kann eine Bemerkung Goethes in seinen „Maximen und Reflexionen“ als Motto den Beiträgen dieses Bandes vorangestellt werden: Wir seien aufgefordert, das „Vergängliche unvergänglich zu machen“ – also in angemessener Form Bilanz zu ziehen, weil man das Gegenwärtige nicht ohne das Vergangene erkennen könne.

* Facts (Tatsachenmaterial):
J. Schrenk: Karl Marx – Die Vita
J. Franzke: alle Artikel
R. Franzke: Die Strecke des Adlers ...

Fakes (bewusste Veränderung, historische und aktuelle Fantasien):
J. W. v. Goethe: Über „Dichtung und Wahrheit“ ...
H. Glaser: Marx meets Wilson ...
H. Bebber: Gespräch mit Basil Bollocks

Johann Schrenk

Karl Marx – Die Vita

Der am 5. Mai 1818 in Trier geborene Karl Marx war das dritte von insgesamt neun Kindern wohlhabender jüdischer Eltern. 1819 konvertierte zunächst Vater Heinrich, der eine erfolgreiche Anwaltspraxis betrieb, und ein Jahr später seine Frau Henriette (geb. Presburg) zum protestantischen Glauben. Sohn Karl wurde 1824 getauft.

Karl Marx besuchte das Trierer Gymnasium, das er 1835 mit dem Abitur absolvierte. Schon im Jahr darauf verlobte er sich heimlich mit Jenny von Westfalen, der Tochter des Trierer Regierungspräsidenten Ludwig von Westfalen. Durch ihn wurde der junge Marx erstmals auf Henri des Saint-Simon (1760-1825) aufmerksam, der als Anhänger einer von Technokraten gelenkten Planwirtschaft galt. 1835 nahm Marx sein Jurastudium in Bonn auf, bevor er zwei Jahre später an die Berliner Humboldt-Universität wechselte. 1841 promovierte er dort zum Dr. phil., wobei ihm der Dekan „Geist, Scharfsinn und Belesenheit" attestierte. Danach zog es Marx nach Bonn, wo er eine akademische Laufbahn einschlagen wollte. Nachdem ihm das nicht gelungen war, suchte und fand er eine journalistische Betätigung – zunächst bei der erst 1841 gegründeten, selbständigen und regierungskritischen *Rheinischen Zeitung* in Köln. Bereits 1842 übernahm Marx die Leitung der Chefredaktion des Blattes, das im Jahr darauf unter Kuratel des Preußischen Zensurministers gestellt wurde. 1843 schied Marx deshalb aus der Redaktion aus.

Kurz zuvor hatte er erstmals Friedrich Engels (1820-1895) getroffen, der in den linkshegelianischen Kreisen Berlins zu Hause war. Der 1820 in Barmen geborene Engels war der Sohn eines erfolgreichen Textilfabrikanten und entschied sich schon früh für eine kaufmännische Ausbildung. Nach seiner relativ kurzen journalistischen Karriere suchte Marx engeren Kontakt zu Arnold Ruge (1802-1880), dessen linkshegelianische *Deutsche*

Jahrbücher für Wissenschaft und Kunst 1843 im gesamten Deutschen Bund verboten worden waren, und der ein neues Organ plante, das im Ausland erscheinen sollte. Mit Marx einigte er sich darauf, in Paris die *Deutsch-Französischen Jahrbücher* herauszugeben. Marx zog mit Jenny, die er 1843 geheiratet hatte, noch im selben Jahr an die Seine. Ende 1844 erschien das erste Doppelheft der Zeitschrift. Neben Marx und Engels zählte auch Heinrich Heine (1797-1856) zum Kreis der Autoren. Doch das Blatt geriet schnell in finanzielle Schwierigkeiten. Die Mitarbeiter wurden politisch verfolgt, und schließlich wurde gegen sie wegen „versuchten Hochverrats und Majestätsbeleidigung" vom Preußischen Innenminister Haftbefehl erlassen.

Marx schrieb noch für den *Vorwärts*, einem Blatt der deutschen Emigranten in Paris, nahm Kontakt mit dem „Bund der Gerechtigkeit" (auch „Bund der Gerechten" genannt) auf und traf sich mit Heinrich Heine, der sich in Hamburg aufhielt. In Paris hatte Marx sich auch mit französischen Kommunisten getroffen, die als Verfechter einer egalitären Gesellschaftsordnung galten. Darunter befand sich der Anarchist Pierre-Joseph Proudhon (1809-1865), der eine herrschaftsfreie Gesellschaftsordnung auf seine Fahnen geschrieben hatte und jegliche Form des Privateigentums sowie politischer Gewalt ablehnte, ob von Seiten des Staats oder von Seiten der Revolution. Am 11. Januar 1845 ergingen u.a. an Karl Marx erste Ausweisungsbeschlüsse der Französischen Regierung. Am 1. Februar 1845 emigrierte er nach Belgien. Nachdem Marx die Entlassung aus der preußischen Staatsbürgerschaft beantragt hatte – mit dem Vorwand der Emigration in die Vereinigten Staaten von Amerika – wurde er staatenlos.

Entscheidend für Marx' weitere Entwicklung war 1844 der Beginn einer engeren Zusammenarbeit mit Friedrich Engels, woraus im Frühjahr 1845 als erste gemeinsame Veröffentlichung *Die heilige Familie, oder Kritik der kritischen Kritik. Gegen Bruno Bauer & Consorten* entstanden war. Mit Engels war Marx nach England – und nicht in die Vereinigten Staaten – gereist. In den Bibliotheken in London, wo sich die politische Emigrantenszene einfand, und in Manchester, wohin Engels Kontakte hatte, be-

gann Marx dann auch mit den ersten Studien zu seinem „großen ökonomischen Werk". 1847 gründete sich auf einem Kongress in London der „Bund der Kommunisten", ein Geheimbund, an dessen Zustandekommen Marx und Engels, die als Delegierte aus Brüssel und Paris angereist waren, nicht unwesentlich Anteil hatten. „Proletarier aller Länder, vereinigt Euch!" lautete fortan die Parole. Der Sturz der Bourgeoisie und die Errichtung der Herrschaft des Proletariats sollten dafür dienen, eine neue Gesellschaftsordnung ohne Klassen und Privateigentum zu schaffen. Marx wurde mit der Abfassung der Schlussversion des Programms beauftragt, das dann als „Manifest der Kommunistischen Partei" anonym veröffentlicht wurde. „Ein Gespenst geht um in Europa – das Gespenst des Kommunismus": so begann das später als „Kommunistisches Manifest" bekannt gewordene Programm des *Bundes der Kommunisten* (BdK).

1848 wurde Marx aus Belgien ausgewiesen. Er ging nach Paris, wo kurz darauf auch Jenny mit den Kindern Laura (geb. 1845) und Edgar (geb. 1847) eintrafen. Marx übernahm in Paris die Leitung des BdK, dessen Zentralbehörde man zuvor von Brüssel dorthin verlegt hatte. Als es im Verlauf der bürgerlichen Revolution von 1848 im März des Revolutionsjahres erstmals zu Barrikadenkämpfen in Berlin kam, trafen auch Marx und Engels dort ein. Sie unterzeichneten die „17 Forderungen der Kommunistischen Partei in Deutschland“, eine leicht abgeänderte Fassung des „Kommunistischen Manifests“. Zur Verbreitung des Programms hatte man in Deutschland den Weg über die Bildung von Arbeitervereinen gewählt. Marx selbst kümmerte sich um die Schaffung eines neuen Organs für die Kommunisten. In Köln plante er die Herausgabe der Tageszeitung *Neue Rheinische Zeitung (NRZ)*. Am 26. Mai 1848 war in Deutschland bereits die allgemeine Pressefreiheit eingeführt worden. Marx übernahm die Chefredaktion der NRZ, die als Kommanditgesellschaft geführt wurde. Auch Friedrich Engels gehörte zum Redaktionsteam. Marx selbst unternahm etliche Reisen quer durch Europa, um potentielle Unterstützer für das neue Zentralorgan der Kommunisten zu gewinnen. Auch schrieb er Leitartikel zu dem Themenkomplex „Lohn-Arbeit-Kapital“.

Als der Kölner Festungskommandant am 11. Mai 1849 die Ausweisung von Marx aus Preußen verfügte, bedeutete dies das Aus für die NRZ. Am 19. Mai erschien in roten Lettern die letzte Ausgabe, bevor Marx über Umwegen nach Paris ausreiste. Doch auch hier war er nicht geduldet, so dass er unmittelbar nach London weiterzog. Die Familie und kurz darauf auch Engels folgten ihm ans Ufer der Themse. England wies keine politischen Flüchtlinge ab. Hier konnten sie sich unbehelligt in Vereinigungen zusammenschließen und eigene Organe gründen.

Staatenlos und mittellos war Marx in England „gelandet“. Es war äußerst schwierig, für die junge Familie ein Auskommen und Unterkommen zu finden. Marx selbst litt an einigen z.T. schwereren Erkrankungen, u.a. der Leber und der Augen. Nur seine journalistischen Tätigkeiten hielten ihn und seine inzwischen angewachsene Familie „über Wasser“. Dabei ließ Marx nicht immer nur seine Vernunft walten. Zu sehr war er auf die Wahrung des Scheins bedacht und unterhielt einen Stab an Erzieherinnen und Sekretären. Im Bericht eines österreichischen Polizeispitzels aus dem Jahre 1859 war später zu lesen: „Die Existenz des Marx besteht aus Pendelschwingungen zwischen Champagner und Pfandhaus.“ Erst Friedrich Engels, der 1850 in die Firma Ermen & Engels in Manchester eingetreten war, erlöste Marx und seine Familie aus der materiellen Misere.

Nach seinem Ausscheiden aus dem Familienunternehmen, in dem er zuletzt Teilhaber war, übernahm Engels die Schulden seines Freundes Karl Marx und zahlte ihm eine jährliche Leibrente. In Deutschland geriet der BdK zunehmend ins Visier der staatlichen Verfolgungsbehörden. Der „Kommunistenprozess zu Köln" endete in der Verurteilung führender Mitglieder des Bundes, was Marx von London aus mit einer Serie von Veröffentlichungen kommentierte. Am 17. November 1852 leitete ein entsprechender Auflösungsbeschluss – auf Antrag von Karl Marx – das Ende des „Bundes der Kommunisten" ein, der vor allem auf dem Kontinent als „nicht mehr zeitgemäß" galt.

Karl Marx verlegte danach seinen Schwerpunkt auf journalistische Arbeiten. So schrieb er in den Jahren von 1852 bis 1862 u.a. für die 1841 gegründete *New York Tribune*, die sich in den Vereinigten Staaten zu einem der auflagenstärksten Blätter entwickelt hatte. Marx wurde damit zu einem der bestbezahlten Mitarbeiter des Blattes. Seine insgesamt über 500 Beiträge – darunter nicht wenige seines Ghostwriter-Freundes Friedrich Engels – erschienen jedoch meist als Leitartikel ohne Namen, so dass Marx selbst keine große Berühmtheit in den Vereinigten Staaten erlangte.

In London nutzte Marx seine Zeit neben der journalistischen Arbeit zunehmend für seine grundlegenden ökonomischen Studien. 1859 erschien „Zur Kritik der politischen Ökonomie" (Erstes Heft). Das Material dafür hatte er überwiegend bei seinen Aufenthalten in der Bibliothek des British Museums zusammengetragen. Das Buch war u.a. deshalb so erfolgreich, weil Marx im autobiographischen Vorwort sein materialistisches Geschichtsbild so einprägsam auf den Punkt gebracht hatte:

„In der gesellschaftlichen Produktion ihres Lebens gehen die Menschen bestimmte, notwendige, von ihrem Willen unabhängige Verhältnisse ein, Produktionsverhältnisse, die einer bestimmten Entwicklungsstufe ihrer materiellen Produktivkräfte entsprechen. Die Gesamtheit dieser Produktionsverhältnisse bildet die ökonomische Struktur der Gesellschaft, die reale Basis, worauf sich ein juristischer und politischer Überbau erhebt und welcher bestimmte gesellschaftliche Bewußtseinsformen entsprechen. Die Produktionsweise des materiellen Lebens bedingt den sozialen, politischen und geistigen Lebensprozeß überhaupt. Es ist nicht das Bewußtsein der Menschen, das ihr Sein, sondern umgekehrt ihr gesellschaftliches Sein, das ihr Bewußtsein bestimmt. Auf einer gewissen Stufe ihrer Entwicklung geraten die materiellen Produktivkräfte der Gesellschaft in Widerspruch mit den vorhandenen Produktionsverhältnissen oder, was nur ein juristischer Ausdruck dafür ist, mit den Eigentumsverhältnissen, innerhalb deren sie sich bisher bewegt hatten. Aus Entwicklungsformen der Produktivkräfte schlagen diese Verhältnisse in Fesseln derselben um. Es tritt dann eine Epoche sozialer Revolution ein. Mit der Veränderung der ökonomischen Grundlage wälzt sich der ganze ungeheure Überbau langsamer oder rascher um. In der Betrachtung solcher Umwälzungen muß man stets unterscheiden zwischen der materiellen, naturwissenschaftlich treu zu konstatierenden Umwälzung in den ökonomischen Produktionsbedingungen und den juristischen, politischen, religiösen, künstlerischen oder philosophischen, kurz, ideologischen Formen, worin sich die Menschen dieses Konflikts bewußt werden und ihn ausfechten. Sowenig man das, was ein Individuum ist, nach dem beurteilt, was es sich selbst dünkt, ebensowenig kann man eine solche Umwälzungsepoche aus ihrem Bewußtsein beurteilen, sondern muß vielmehr dies Bewußtsein aus den Widersprüchen des materiellen Lebens, aus dem vorhandenen Konflikt zwischen gesellschaftlichen Produktivkräften und Produktionsverhältnissen erklären. Eine Gesellschaftsformation geht nie unter, bevor alle Produktivkräfte entwickelt sind, für diesie weit genug ist, und neue höhere Produktionsverhältnisse treten nie an die Stelle, bevor die materiellen Existenzbedingungen derselben im Schoß der alten Gesellschaft selbst ausgebrütet worden sind. Daher stellt sich die Menschheit immer nur Aufgaben, die sie lösen kann, denn genauer betrachtet wird sich stets finden, daß die Aufgabe selbst nur entspringt, wo die materiellen Bedingungen ihrer Lösung schon vorhanden oder wenigstens im Prozeß ihres Werdens begriffen sind. In großen Umrissen können asiatische, antike, feudale und modern bürgerliche Produktionsweisen als progressive Epochen der ökonomischen Gesellschaftsformation bezeichnet werden. Die bürgerlichen Produktionsverhältnisse sind die letzte antagonistische Form des gesellschaftlichen Produktionsprozesses, antagonistisch nicht im Sinn von individuellem Antagonismus, sondern eines aus den gesellschaftlichen Lebensbedingungen der Individuen hervorwachsenden Antagonismus, aber die im Schoß der bürgerlichen Gesellschaft sich entwickelnden Produktivkräfte schaffen zugleich die materiellen Bedingungen zur Lösung dieses Antagonismus. Mit dieser Gesellschaftsformation schließt daher die Vorgeschichte der menschlichen Gesellschaft ab."

1861 erfolgte unter Wilhelm I. eine Amnestie für politische Vergehen in Preußen, was den staatenlosen Marx dazu bewog, anlässlich eines Besuchs bei Ferdinand Lasalle (1825-1864) beim Berliner Polizeipräsidenten einen Antrag auf preußische Staatsangehörigkeit zu stellen. Dieses Ersuchen wurde abschlägig beschieden, da die Amnestie nur einen Straferlass bedeute. Zudem habe Karl Marx seinerzeit freiwillig auf seine Staatsbürgerschaft verzichtet. Als Ausländer sei es ihm lediglich möglich, einen Antrag auf Einbürgerung zu stellen. Das Ganze verlief dann zwar erfolglos „im Sande", trug aber zu einer erhöhten Aufmerksamkeit für die Person Karl Marx bei, die sich auf dem Kontinent über Jahre hinweg „rar gemacht" hatte.

Während der Weltausstellung kam es 1862 in London zu zahlreichen Kontakten von Marx zu englischen und französischen Vertretern der Arbeiterklasse. Der Kreis erweiterte sich in den Folgejahren um deutsche, polnische, schweizerische und italienische Emigranten, bevor dann am 28. September 1864 in London die „International Working Men's Association = Internationale Arbeiter-Assoziation (IAA)" gegründet wurde. Marx war zum Mitglied im Lenkungsgremium gewählt und mit der Abfassung der Statuten beauftragt geworden. Dieses „Manifest an die Arbeiter Europas" schloss – wie zuvor bereits das ‚Kommunistische Manifest' mit dem Appell „Proletarier aller Länder vereinigt Euch!".

Friedrich Engels war nach seiner Übersiedlung von Manchester nach London in den Generalrat aufgenommen worden, in dem auch Marx vertreten war. Der trat dort als Einzelperson auf, bildete das eigentliche „Sprachrohr" der Vereinigung und firmierte als „Korrespondierender Sekretär für Deutschland". Es war, so Engels später im Rückblick, der eigentliche Höhepunkt in der politischen Karriere von Karl Marx. Er stand nur ungern im Rampenlicht, vermochte es aber, in kleineren Gesprächskreisen seinen Standpunkt überzeugend zu artikulieren.

Mit dem Ziel, das „ökonomische Bewegungsgesetz der modernen Gesellschaft" zu umreißen – es ging Marx jetzt nicht mehr nur um eine Bestandsaufnahme –, veröffentlichte Karl Marx 1867 den ersten Band seines ökonomischen Hauptwerks „Das Kapital – Kritik der Politischen Ökonomie". Wilfried Nippel hat in seiner erst jüngst erschienenen Marx-Biographie (in der Reihe C.H.Beck-Wissen, München 2018), auf die ich mich – neben eigenen, langjährigen Marx-Studien – bei der hier vorgelegten Kurz-Vita von Karl Marx beziehe, die Kernaussage des Marxschen Hauptwerks ‚Das Kapital' in beeindruckender Knappheit zusammengefasst:

„Geld, Ware, Arbeit, Preise etc. sind allein im Kontext einer Ordnung zu erklären, in welcher der Arbeiter unter den Bedingungen eines formal freien Vertrages gezwungen ist, seine Arbeitskraft als Ware an den Eigentümer von Produktionsmitteln zu verkaufen. Der Kapitalist zahlt nur, was ein Arbeiter durchschnittlich benötigt, um seiner und seiner Familie Existenz zu erhalten – allerdings keine starre, sondern von kulturellen Bedingungen und gesellschaftlichen Kräfteverhältnissen abhängige Größe. Im Vergleich zu seinem Lohn produziert der Arbeiter einen Mehrwert, der dem Kapitalisten zufällt. Es liegt in der Logik des Systems, nicht an moralischer Verworfenheit des Kapitalisten, diesen Mehrwert zu steigern. Da Verlängerung der Arbeitszeit an physische Grenzen stößt oder wegen gesellschaftlichen Widerstands nicht möglich ist, erfolgt zunehmender Einsatz von Maschinen, der wiederum Arbeitskräfte überflüssig macht, eine industrielle Reservearmee erzeugt. Der dafür erforderliche höhere Kapitaleinsatz lässt sich nur durch immer stärkere Konzentration beschaffen, so dass die dem Kapitalismus ursprünglich immanente Wettbewerbsdynamik verloren geht. Irgendwann werden die pauperisierten Massen dieses System zugunsten eines ‚freien Vereins freier Menschen, die mit gemeinschaftlichen Produktionsmitteln arbeiten', umstürzen." (Wilfried Nippel, Karl Marx, München 2018, S. 114 f.).

Das nach dem Tod von Karl Marx (1883) auf drei Bände angewachsene ‚Kapital' stellt ohne Frage eine weitaus komplexere Themenbehandlung dar, für die Marx in erster Linie die englischen Verhältnisse ausführlich analysiert hat. Dabei verarbeitete er auch bereits veröffentlichte Texte, Artikel und andere Belege aus seiner langjährigen journalistischen Tätigkeit. Von Weggefährten wurde ‚Das Kapital' als „Bibel des Sozialismus" (Johann Philipp Becker) oder „epochemachendes Werk" (Karl Liebknecht) gelobt, um nur zwei Beispiele zu nennen.

Aus der Niederlage der Pariser Kommune (1871) hatte Marx den Schluss gezogen, dass die Arbeiterklasse nicht in der Lage sei, „die fertige Staatsmaschinerie einfach in Besitz zu nehmen und diese für ihre eigenen Zwecke in Bewegung zu setzen". Dies wurde so auch in die 1872er Fassung des ‚Kommunistische Manifests' übernommen. Damit befand man sich im offenen Konflikt mit den Anarchisten rund um Bakunin, die in der Schweiz, in Spanien und in Italien tonangebend waren. Die IAA lud im September zu einem Kongress nach Den Haag, wohlwissend, dass die Anarchisten auf dem Weg dorthin Gefahr liefen, in Frankreich oder Deutschland verhaftet zu werden. Marx persönlich hatte zu dem Kongress viele seiner Gleichgesinnten aus Deutschland eingeladen, doch er hatte nicht mit Friedrich Engels gerechnet, der auf dem Kongress vorschlug, den Sitz der IAA nach New York zu verlegen und damit eine knappe Mehrheit der Delegierten gewinnen konnte. Damit war die Spaltung und letztlich auch die Auflösung der IAA eingeleitet und das Ende der politischen Karriere von Karl Marx eingeläutet worden. Dieser pflegte nur noch lose Kontakte zur 1869 von August Bebel (1840-1913) und Karl Liebknecht (1871-1919) in Eisenach gegründeten „Sozialdemokratischen Arbeiterpartei" (SDAP). Zu der 1875 in Erfurt aus der Vereinigung der SDAP mit dem „Allgemeinen Deutschen Arbeiterverein" (ADAV) entstandenen „Sozialistischen Arbeiterpartei Deutschlands" (SAP) – diese wurde dann 1890 in Gotha zur „Sozialdemokratischen Partei Deutschlands" (SPD) umformiert – gingen Marx und Engels auf kritische Distanz, festgehalten in ihrer Schrift „Zur Kritik des Gothaer Programms". Im Kern warfen die beiden Vordenker der Linken den Anhängern von Bebel und Liebknecht vor, sich zu sehr auf Kompromisse mit den auf Reformen bedachten Arbeitervereinigungen eingelassen zu haben. Revolutionäre Programmteile seien, so Marx und Engels, nicht mehr erkennbar.

Nach dem Krebstod seiner Frau Jenny im Jahre 1881 kämpfte auch Marx ums physische Überleben. Dass zwei Jahre später auch seine Tochter Jenny ihn – im Alter von nur 38 Jahren – verließ, dürfte ihm den letzten Lebensmut genommen haben. Nur zwei Monate danach, am 14. März 1883, „brach er in seinem Arbeitszimmer zusammen. Als Engels am Nachmittag eintraf, fand er ihn ruhig und schmerzlos eingeschlummert. Siechtum sei ihm erspart geblieben." (Nippel). Karl Marx wurde am 17. März 1883 neben seiner Frau Jenny auf dem Highgate-Friedhof in London bestattet. Zwölf Jahre darauf starb auch Friedrich Engels, der sich bis zu seinem Tod um die Edition des Marx'schen Schrifttums fürsorglichst gekümmert hatte.

Seite 20/21: Die Jungfernfahrt der Ludwigsbahn. Postkartenmotiv zum Jubiläum 100 Jahre Deutsche Eisenbahnen, 1935

Ansichtskarte mit Ludwigsbahnhof und Kunstbrunnen, 1899

Jürgen Franzke

Die Ludwigs-Bahn – Deutschlands erste Eisenbahn

Als im Jahre 1829 in England die erste längere Eisenbahnstrecke zwischen Liverpool und Manchester eröffnet wurde, und die Lokomotive „Rocket" einen Personenzug in „unglaublicher Geschwindigkeit" (ca. 30 km/h) auf dieser Strecke zog, brach in Europa das Eisenbahnfieber aus. Viele Länder wollten nun dieses neue, innovative Verkehrsmittel mit eigenen Augen sehen und schickten ihre Beobachter nach England. Auch die Nürnberger waren begeistert, denn in der alten Handwerkerstadt war das technische Verständnis nach wie vor hoch und die Bereitschaft zur Innovation offenbar gegeben. Federführend waren die beiden Protagonisten Georg Zacharias Platner und Johannes Scharrer.

In Bayern hatte sich zwar König Ludwig I. Ende der 1820er Jahre für den Kanalbau und gegen die Eisenbahn entschieden, aber in Nürnberg wollte man das moderne Rad-Schiene-System. So wurde 1833 eine Aktiengesellschaft gegründet und versucht, die für die Verwirklichung der Strecke zwischen Nürnberg und Fürth errechnete Summe von 132.000 Gulden in Form von Aktien aufzubringen. An der Spitze waren hier die großen Handelsfamilien in der Region, allein Georg Zacharias Platner, Hauptinitiator der Eisenbahn und Marktvorsteher in Nürnberg, erwarb 110 Aktien. Der Bayerische Staat erwarb nur zwei Aktien zu jeweils 100 Gulden, der König genehmigte aber den Namen für die erste Eisenbahn in Deutschland: die „Ludwigs-Eisenbahn-Gesellschaft".

Man bestellte in England eine Lokomotive, den heute berühmten „Adler", die bei Stephenson in Newcastle gebaut wurde. Der Dampfwagen wurde, zerlegt in viele Einzelteile, über Rotterdam und den Rhein nach Nürnberg transportiert. Dies war sehr beschwerlich und dauerte beinahe 9 Wochen. In der mechanischen Werkstätte von Johann Wilhelm Spaeth am Dutzendteich wurde die Lokomotive zusammengebaut, unter Leitung des Technikers und

Dampfwagenführers William Wilson, den Stephenson als Experten mitgeschickt hatte. Neun der elf geplanten Wagen wurden nach englischem Vorbild in Nürnberg gefertigt, zwei Wagengestelle hatte man bei Stephenson sozusagen als Muster mitbestellt. Es gab drei Wagenklassen, erste, zweite und dritte Klasse. Die zwei Dritte-Klasse-Wagen „haben je drei Abteile zu acht bis zehn Sitzplätzen, sie besitzen kein Dach, die Einstiege haben nicht einmal verschließbare Türen. Die vier Wagen der zweiten Klasse haben Türen, ein Segeltuchdach, vor den unverglasten Fenstern sind seidene, später lederne Vorhänge angebracht. Die Zahl der Sitzplätze ist ... um einen reduziert. Komfortabler sind nur die drei Wagen der ersten Klasse ausgestattet, sind sie doch mit kostbarem blauem Tuch ausgeschlagen und mit verglasten Fenstern versehen; die Türgriffe sind vergoldet, alle Beschläge aus Messing gefertigt. Die Zahl der Sitzplätze ist um einen weiteren beschränkt." (Mück, 121)

Die Gleisstrecke selbst war unter Leitung des Ingenieurs Paul Camille Denis entlang der Fürther Chaussee erbaut worden und hatte eine Länge von 6,1 km. Ende November 1835 war sie schließlich fertig gestellt und am 7. Dezember konnte die Eröffnung stattfinden. Nach einer feierlichen Rede von Bürgermeister Jakob Friedrich Binder setzte sich der Zug mit neun Wagen und 200 geladenen Gästen – in der Mehrzahl Aktienbesitzer – in Bewegung.

Etwa 10.000 jubelnde Menschen entlang der Strecke sahen die erste Fahrt eines Dampfzuges in Deutschland und nach neun Minuten schon war der Bahnhof in Fürth erreicht. Welch eine Begeisterung! Zahlreiche Zeitungen berichteten groß über das Ereignis und viele Eisenbahnkomitees aus ganz Deutschland schickten begeisterte Grußbotschaften. Die Euphorie, die ganz Deutschland nach dieser grandiosen ersten Eisenbahnfahrt erfasste, erreichte sogar Johann Strauss, der nur acht Tage später ein eigenes Werk, einen Eisenbahnwalzer für Piano Forte komponierte.

Doch die bayerische Regierung – sprich der bayerische König – war bei der Eröffnungsfahrt nicht anwesend. Erst als sich nach einem Jahr der wirtschaftliche Erfolg der Bahn deutlich zeigte,

Der Ludwigsbahnhof mit dem 1890 fertiggestellten Kunstbrunnen. Lithografiertes Postkartenmotiv

kam auch König Ludwig I. nach Nürnberg und absolvierte am 17. August 1836, über 9 Monate nach der Eröffnung, eine Sonderfahrt. Durch eine Ehrenpforte hindurch fuhr der Adler unter dem Jubel der Bevölkerung nach Fürth. Auf der Rückfahrt wünschte sich der König, so schnell wie möglich zu fahren und so sauste der Adler mit einer Geschwindigkeit von 60 km/h im Rekordtempo nach Nürnberg zurück. Die Durchschnittsgeschwindigkeit der Ludwigs-Bahn war 25 bis 30 km/h, was in der damaligen Zeit bereits als sehr schnell empfunden wurde.

Der Adlerzug entwickelte sich zu einem großen unternehmerischen Erfolg. Bereits im ersten Betriebs-Jahr 1836 wurden fast 500.000 Passagiere gezählt, die Aktionäre konnten eine Dividende von 20% auf ihre Aktien erzielen – ein außerordentliches Resultat! Auch in den nächsten Jahren betrugen die Dividenden zwischen 15% und 17%. Die Bahn hatte damit gezeigt, dass der Eisenbahnbau erfolgreich sein konnte, in Deutschland gründeten sich sofort viele weitere Eisenbahn-Gesellschaften – oft auch als Aktiengesellschaften. In rascher Folge entstanden auf verschiedenen Gebieten des Deutschen Bundes Bahnstrecken. Fünf Jahre nach der Eröffnung der Ludwigs-Bahn waren bereits 541 Gleiskilometer in Deutschland verlegt.

Nürnberg war 1806 dem Königreich Bayern zugefallen und hatte durch die Kriege und die Kontinentalsperre während der Napoleonischen Zeit eine deutliche Verschlechterung seiner wirtschaftlichen Lage erlitten. Das Handelsvolumen hatte sich halbiert, eine restriktive, protektionistische Wirtschaftspolitik lähmte Bayerns Entwicklung. Die Missernte von 1817 mit einhergehender Hungersnot sowie die Rückständigkeit des Nürnberger Gewerbes führten schließlich zu einer wirtschaftlichen und sozialen Krise in der Stadt. Daher war der Erfolg des „Adlers" ein enormer Impuls für die leidgeprüften Einwohner und gab ihnen Hoffnung und neuen Mut. Für Nürnberg war der Eisenbahnbau der eigentliche Beginn der Industrialisierung.

Mit der stürmischen Entwicklung der Eisenbahn in Deutschland und in Europa, die nun folgte, wurde zwar die kurze Adlerstrecke ein Relikt aus der Anfangszeit und die Adlerlokomotive galt bereits nach etwa 10 Jahren als eine kleine, schwache Maschine, ebenso wie die bereits ein Jahr später aufgrund des hohen Verkehrsaufkommens georderte, zweite Lokomotive aus England gleichen Typs, die „Pfeil". Doch die beiden Loks verrichteten trotz ihrer überholten Technik über 20 Jahre zuverlässig ihren Dienst. 1852 und 1853 schaffte die Ludwigs-Eisenbahn-Gesellschaft dann zwei stärkere Maschinen an, die bei den inzwischen gegründeten, deutschen Lokomotivbaufirmen Henschel in Kassel und Maffei in München hergestellt wurden. Der „Adler" wurde schließlich 1857 für immer abgestellt.

Jürgen Franzke

Warum Nürnberg? – Wie die erste deutsche Eisenbahn in die alte Reichstadt kam

Zu Beginn des 19. Jahrhundert stellen sich Politiker in Deutschland die Frage der Entwicklung des Verkehrswesens. Dabei werden zwei technische Möglichkeiten kontrovers erörtert, wie das bereits in England, den Niederlanden und Frankreich geschehen war: baut man Kanäle oder entwickelt man ein Eisenbahnwesen?

Auch in Bayern gibt es diese Kontroverse und im Gegensatz zu den Befürwortern des Kanals plädiert Josef Ritter von Baader im Jahre 1807 sehr stark für eine Entwicklung des Eisenbahnwesen zur Förderung von Handel, Industrie und Gewerbe. Er erhält dabei auch die Unterstützung des neugewählten Königs Max I. Joseph. In den Überlegungen Baader's spielt Nürnberg von Anfang an eine wichtige Rolle, denn seine Idee der Verbindung von Rhein und Donau über eine Eisenbahnlinie soll die Handelsstadt Nürnberg einbeziehen. Die Idee wird zunächst ad acta gelegt, doch 1819 plädiert auch der Bayerische Landtag für eine Entwicklung der Eisenbahn und schlägt vor, eine Versuchsstrecke zwischen Nürnberg und Fürth einzurichten.

Nürnberg und Fürth waren, seit dem sie 1806 in das Königreich Bayern eingegliedert wurden, in ihren Handelsbeziehungen immer näher zusammengerückt. Zudem bot ihre geographische Lage, nämlich eine horizontale Verbindung, die frei von Steigungen war und auch von keinem Fluss gekreuzt wurde, keine Schwierigkeiten eine solche Eisenstraße anzulegen. Im Frühjahr 1825 kam es zu ersten Besprechungen zwischen dem Nürnberger Handelsvorstand und Fürther Kaufleuten zum Thema Eisenbahn. Zwar stieß das in Fürth zunächst auf wenig Interesse, als aber König Ludwig I. am 27. September 1826 Fürth besuchte und anmerkte, eine Eisenbahn zwischen beiden Städten „sei wünschenswert und leicht ausführbar", gab dies einen neuen Impuls. Schließlich wurde von München aus Ingenieur Pauli mit der Aufstellung eines vorläufigen Ko-

Georg Zacharias Platner. Fotografie nach dem Gemälde von Julie Bayer

stenplanes beauftragt, denn dieser hatte sich eingehend mit dem englischen Eisenbahnsystem befasst. Dieser Plan wurde sehr kontrovers diskutiert und schließlich abgelehnt, eine Eisenbahn zwischen Nürnberg und Fürth sei nicht rentierlich, Frachttransporte könnten deutlich günstiger durch Pferdefuhrverkehr durchgeführt werden.

In Nürnberg wollte man jedoch hoch hinaus und hatte seit längerem vorgeschlagen, nicht nur zwischen Nürnberg und Fürth eine Bahn zu bauen, sondern die Donau und den Main mit einer Eisenbahnlinie zu verbinden. Dies ging Ludwig I. deutlich zu weit und er wurde schließlich zum Befürworter eines Kanals zwischen den beiden Flüssen, dem später so genannten Ludwig-Donau-Main-Kanal.

Mittlerweile gab es zahlreiche Berichte in deutschen Zeitungen über die Entwicklung der englischen Eisenbahnen, insbesondere über das Rennen von Rainhill und den Erfolg der Stephenson'schen Lokomotive „Rocket", sowie über die Eröffnung der Liverpool-Manchester Railway. Damit wurde das Interesse in Nürnberg wiederbelebt. In der „Allgemeinen Handlungszeitung" vom 2. Januar 1833 schilderte der Journalist Erhard Leuchs das Projekt einer Nürnberg-Fürther Eisenbahn in den leuchtendsten Farben. Der Nürnberger Marktvorsteher Georg Zacharias Platner wandte sich nun an den Fürther Bürgermeister Joseph von Bäumen und lud zum erneuten Projektgespräch ein. Bäumen setzte sich dafür ein, obwohl der Fürther Stadtrat und auch der Nürnberger Magistrat skeptisch reagierten. Es wurde beschlossen, eine Frequenzermittlung des Verkehrs auf der Nürnberg-Fürther Chaussee durchzuführen, um verlässliche Zahlen als Grundlage der Wirtschaftlichkeit einer Eisenbahn zu erhalten. Die ersten Zahlen aus dieser Ermittlung stimmten sehr positiv und noch im Januar lud Platner – der nun ständig die Initiative ergriff – die Herren Merkel und Scharrer sowie Bürgermeister Bäumen zur Besprechung weiterer Schritte ein. Merkel als Mitglied des Nürnberger Handelsvorstandes, Scharrer als Leiter der Polytechnischen Schule (er war als 2. Bürgermeister bereits 1829 abgewählt worden) und Bäumen als Vertreter Fürths.

Man beschloss die Fortsetzung der Frequenzzählung des Verkehrs sowie die Planung der Strecke Nürnberg-Fürth entlang der Chaussee. Platner wollte in England über die Konstruktion einer solchen Strecke Informationen einholen – damit wurde die Sache konkret. Strecke und Kostenplan wurden mit Unterstützung des Mathematikprofessors Georg Kuppler, dem Erbauer des Kettenstegs, festgelegt und nun konnte an die Öffentlichkeit zur Gründung eines Aktienvereins herangetreten werden.

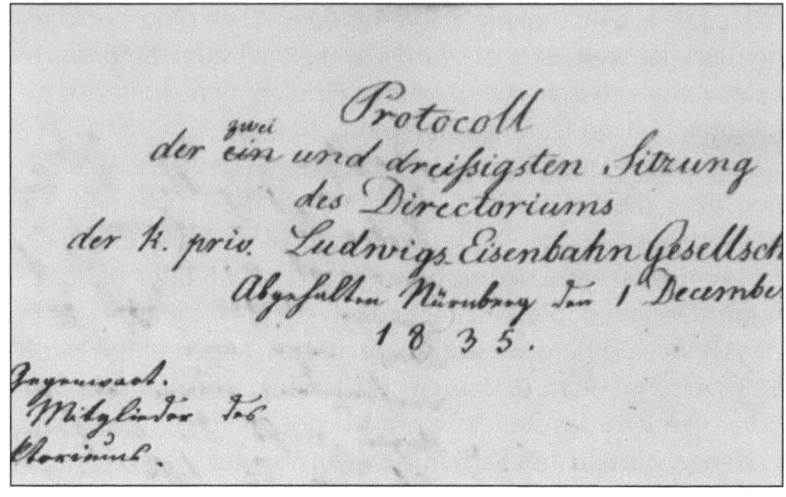
Protocoll
der zwei ein und dreißigsten Sitzung
des Directoriums
der k. priv. Ludwigs Eisenbahn Gesellsch
Abgehalten Nürnberg den 1 Decembe
1835.

Protokoll der zweiunddreißigten Sitzung des Directoriums der k. privilegirten Ludwigs Eisenbahn Gesellschaft, Abgehalten Nürnberg den 1. December 1835

Am 14. Mai 1833 erschien ein Prospekt mit der „Einladung zur Gründung einer Gesellschaft für die Errichtung einer Eisenbahn mit Dampfkraft zwischen Nürnberg und Fürth“, unterzeichnet von den Bürgermeistern Binder aus Nürnberg und Bäumen, den Kaufleuten Platner, Scharrer, u.a. Ausführlich wurde darin die Planung der Strecke einschließlich der ermittelten Kosten von insgesamt 132.000 Gulden vorgestellt. Der wirtschaftliche Nutzen begründete sich durch die mittlerweile vorliegende Verkehrszählung, wonach jährlich 612.470 Personen per Wagen oder Kutsche und zu Fuß, sowie 39.420 Wagen mit 86.140 Pferden den Weg zwischen Nürnberg und Fürth sowie retour zurücklegten. Ein Aktienverein wurde ins Leben gerufen, der Prospekt enthielt ein Angebot zur Subskription, die Aktienemission hatte das Handelshaus Georg Zacharias Platner übernommen. Eine Aktie hatte den Wert von 100 Gulden, in Aussicht gestellt wurde eine Dividende von 13 ½ Prozent.

S. 31: Aktie der Ludwigs-Eisenbahn-Gesellschaft von 1835

der Königl. privilegirten
Ludwigs-Eisenbahn-Gesellschaft
in Nürnberg
zu
Ein Hundert Gulden im 24 Fl. Fuſs

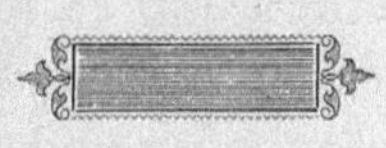

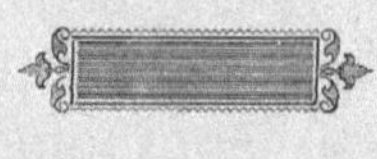

Das unterzeichnete — nach §. 25. der Statuten vom 18. November 1833 zur Emission der Aktien und Einziehung deren Betrags speziell bevollmächtigte — **Direktorium der Königl. privilegirten Ludwigs-Eisenbahn-Gesellschaft** bekennt hiemit: für diese Aktie die Summe von 100 Fl., mit Worten

Ein Hundert Gulden im 24 Fl. Fuſs

als ein unaufkündbares, unverzinsliches Kapital baar empfangen zu haben, und sichert jedem rechtlichen Inhaber derselben die verfassungsmäſsigen Rechte eines Gesellschaftsmitglieds, insonderheit den Bezug der Jahres-Dividende, nach Maaſsgabe der Gesellschaftsbeschlüsse, gegen Empfang der auf die nächsten 32 Jahre beigefügten betreffenden Anweisungen, innerhalb eines Jahres nach dem jedesmaligen Anfalle, zu.

Nürnberg und **Fürth**, den 31. Juli 1835.

Das Direktorium der K. priv. Ludwigs-Eisenbahn-Gesellschaft

Platner. Scharrer. Mainberger.
Merkel. Schroll.

Neu ausgefertigt **Nürnberg**, den 31. Juli 1869.

Das Direktorium der Ludwigs-Eisenbahn-Gesellschaft

Ley. Landmann
Chr. Thon.

Platner nutzte seine weitreichenden Geschäftsverbindungen, um kräftig Werbung für die Sache zu machen, er selbst zeichnete mit 11.000 Gulden und war damit in Nürnberg einsam an der Spitze, übertroffen wurde er aber von dem Würzburger Postsekretär Fabri, der Aktien für 12.500 Gulden erwarb. Platner hatte mittlerweile eine Eingabe an den Bayerischen König gerichtet und darin die Bitte geäußert, der Bahn den Namen „Ludwigsbahn" geben zu dürfen, was dieser im Juli 1833 genehmigte – auch deshalb, weil Platner ihn an seine Bemerkung von 1826 erinnerte, dass eine Eisenbahn zwischen den beiden Städten „wünschenswert" sei. Dadurch wurde die Aktienemission (nach etwas zähem Beginn) positiv stimuliert, Orders gab es nicht nur aus Nürnberg (119 Aktienbesitzer) und Fürth (35), sondern auch aus Augsburg, Würzburg, Stuttgart, Regensburg und weiteren Orten. Im Oktober 1833 konnte schließlich ein Betrag von 130.000 Gulden erreicht und die Gründungsversammlung einer Aktiengesellschaft einberufen werden. Diese tagte erstmals am 19. Oktober des gleichen Jahres. 76 Subskribenten nahmen teil, eine vom Königlichen Landrichter Wellmer vorgelegte Satzung wurde genehmigt, ein Vorstand gewählt, und mit großem Jubel konnte der Name der Gesellschaft: *„Ludwigs-Eisenbahn-Gesellschaft in Nürnberg"* eingetragen werden. Platner wurde zum Direktor und Kassier des Vorstandes gewählt und endlich trat das Projekt in seine Realisierungsphase ein.

Jürgen Franzke

Der „Adler" – eine Lokomotive aus England

Als 1833 die Ludwigs-Eisenbahn-Gesellschaft gegründet worden war, begann die Suche nach einer Lokomotive. In Deutschland wurde man nicht fündig, hier war die Technik noch weniger fortgeschritten als in England. Dort hatten George und Robert Stephenson aus Newcastle bereits 1825 mit ihren Lokomotiven, die auf der ersten, längeren Eisenbahnstrecke zwischen Stockton und Darlington in Nordostengland die Züge zogen, große Aufmerksamkeit erzielt. Sie stellten auch die Lokomotiven für die erste Fernbahn-Linie zwischen Liverpool und Manchester, die sie auch erbaut hatten und die 1830 eröffnet wurde.

Im April waren Platner und Mainberger, der ebenfalls Mitglied des Direktoriums der Ludwigs-Bahn-Gesellschaft war, in Sachen Schienenankauf bei der Firma Remy & Co in Neuwied unterwegs. Dort erfuhren sie, dass Ingenieur Stephenson zur Eröffnung der ersten belgischen Eisenbahn – damit auch der ersten auf dem Kontinent – in Brüssel sei und entschlossen sich, dorthin zu reisen. Es kam zu einem Treffen mit Stephenson und Vertragsverhandlungen über die Herstellung einer Lokomotive. Im Mai 1835 ging dann der Auftrag zum Bau der Lokomotive an die englische Firma. Geordert wurde auf Empfehlung Stephensons eine relativ leichte Lokomotive des Patentee-Typs. Im Stephenson-Archiv, welches das National Railway Museum in York besitzt, befinden sich die order books; in einem ist die Bestellnotiz mit der Fabriknummer 118 für die Nürnberger Lokomotive eingetragen.

Der Anschaffungspreis betrug 750-800 Pfund Sterling, das waren cirka 10.000 Gulden. Die Lokomotive wog nur 6 Tonnen im Leerzustand, also ohne Kohlen und Wasser, hatte drei Achsen, wovon die mittlere angetrieben wurde.

Im Protokoll der 26. Sitzung der LEG vom 10. November 1835 stellte man fest, *„... daß der Dampfwagen glücklich hier angekommen, auf den Dutzendteich zu dem Mechanikus Späth geschafft worden sey, wo derselbe gereinigt, und in einzelnen*

Adlerlokomotive in der Ausstellung zu „Adler, Rocket & Co", 175 Jahre Eisenbahn in Deutschland, 2010 im DB Museum

Stücken repariert werde, wobey Herr Wilson durch den Lehrer der polytechnischen Schule Herrn Bauer thätig unterstützt wurde, während Schüler der polytechnischen Schule alle Gegenstände des Dampfwagens aufzeichnen; und dass die Aufstellung der Maschine auf dem Dutzendteich morgen vollendet seyn würde, worauf solche abgewogen und auf den Platz gebracht werden soll. Hierbei bemerkte Herr Meyer, dass der Maurermeister Jordan einen großen Steinwagen besitze, welche geeignet seyn mögte, den Dampfwagen vom Dutzendteich herein zu schaffen und daß er deshalb mit Jordan Rücksprache nehmen werde, welches Anerbieten gerne angenommen wurde." (LEG 1/8)

Die Spurweite betrug 4 Fuß und 8 ½ Zoll, das in England gesetzlich vorgeschriebene Maß. Das entsprach in Deutschland einer Breite von 1435 mm, und diese Spurweite entwickelte sich über die Jahrzehnte zur weltweiten Normalspur.

Es stellte sich heraus, dass die auf einem Teil der Adlerstrecke bereits verlegten Schienen zu schmal angebracht waren, da in England mit anderen Maßen gearbeitet wurde. Glücklicherweise war noch nicht die ganze Strecke verlegt, doch auf diesem Teil mussten die Schienen verbreitert werden.

Durch die Ludwigs-Bahn-Gesellschaft sollte zur Erinnerung an die Eröffnung ein Gedenkstein errichtet und die Lokomotive sollte auf den Namen „Adler" getauft werden.

Im Protokoll der LEG Nr. 26 v. 10. Nov. 1835 heißt es: *„5. Der Antrag, zur Eröffnung der Bahn einen Denkstein in Gestalt eines Würfels mit einfacher Inschrift: „Deutschlands erste Eisenbahn, 24. Nov. 1835" in dem Gebäude des Direktoriums nach vorgelegter Zeichnung setzen zu lassen, erhielt die Genehmigung. 6. Eben so der weitere Vorschlag, den Dampfwagen: Adler zu nennen".* (LEG 1/8) © DB Museum

Man hatte als Eröffnungstag hier noch den 24. November im Auge, dies verzögerte sich wegen aufkommender Kälte nochmals um zwei Wochen auf den 7. Dezember. Der „Denkstein" wurde errichtet, jedoch nicht im Direktionsgebäude, sondern auf dem Hofareal des Bahnhofs am Plärrer. (Mück, 120)

Der „Adler" war ein sehr solides und technisch ausgereiftes Fahrzeug, das im täglichen Betrieb selten Probleme machte.

Über 20 Jahre arbeitete die erste Lokomotive Deutschlands nahezu störungsfrei und wurde dann, 1857, außer Dienst gestellt. Bei Johann Wilhelm Spaeth am Dutzendteich kam sie anschließend als stationäre Dampfmaschine zur Verwendung. Schließlich aber verkaufte man die Lokomotive samt Tender für 1050 Gulden an den Augsburger Fabrikanten Ludwig August Riedinger. Ihr weiteres Schicksal ist nicht bekannt, wir müssen heute annehmen, dass sie letztlich verschrottet wurde. Ein Bewusstsein für die historische Bedeutung der Adlerlokomotive war bei der Ludwigs-Eisenbahngesellschaft zu dieser Zeit wohl nicht vorhanden.

Glücklicherweise wurde immerhin ein Wagen des Adlerzuges von 1835 „gerettet" und 1852 dem Germanischen Nationalmuseum übergeben. Heute ist dies das einzig erhaltene, weitgehend originale Eisenbahnfahrzeug der ersten Deutschen Eisenbahn und steht als besonderes Exponat im DB Museum.

Rechnung Nr. 724 der Robert Stephenson Comp. für die Adler-Lokomotive: One Patent Locomotive Engine mit Tender und Wagengestellen sowie Zubehör über 1140,193 pounds

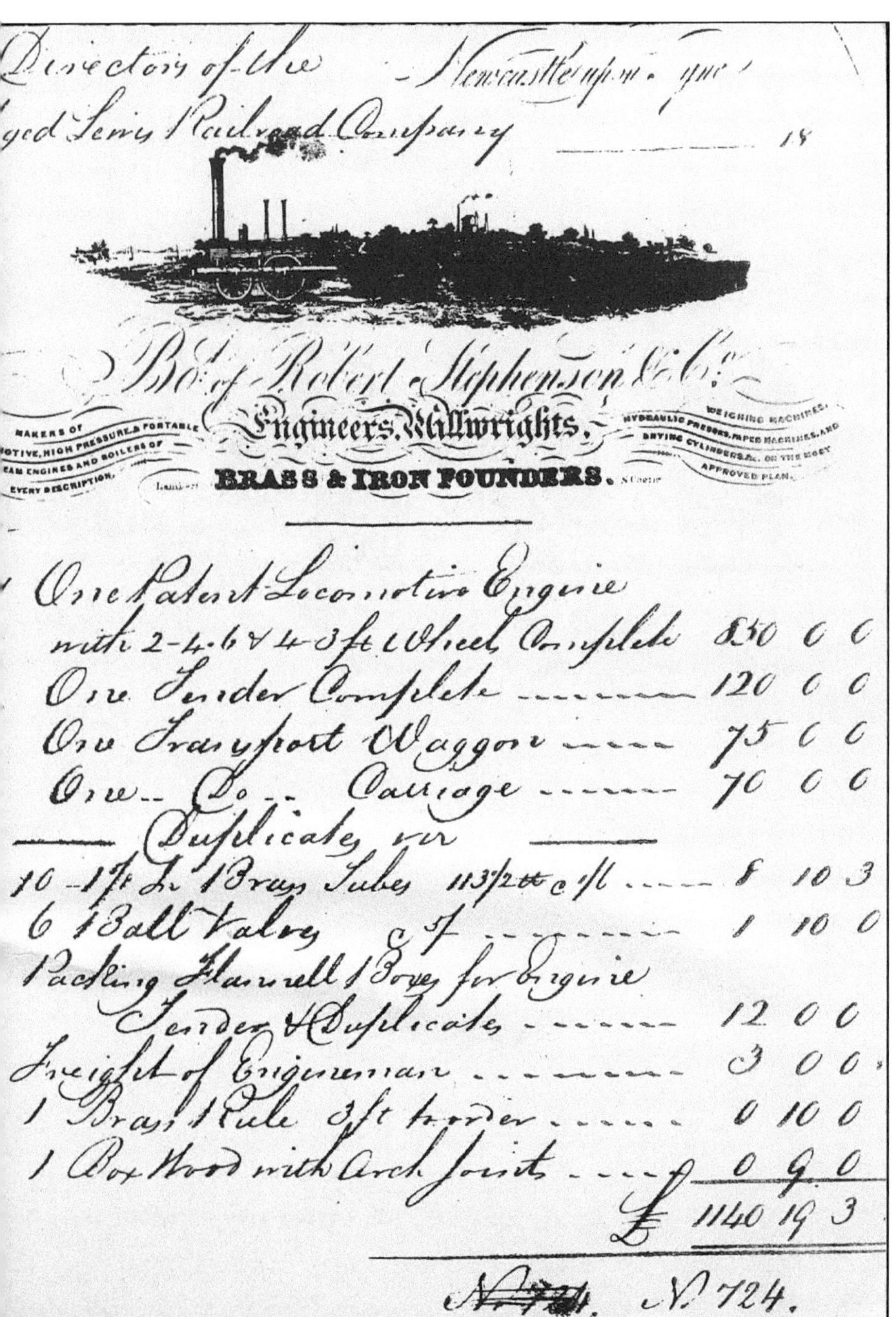

Directors of the
[illegible]yed Serris Railroad Company

Newcastle upon Tyne
18

Bo.t of Robert Stephenson & Co.

Engineers, Millwrights,
Brass & Iron Founders.

Makers of Locomotive, High Pressure & Portable Steam Engines and Boilers of every description.

Weighing Machines, Hydraulic Presses, Paper Machines, and Drying Cylinders &c. on the most approved plan.

One Patent Locomotive Engine with 2-4-6 & 4-3 ft Wheels Complete	850	0	0
One Tender Complete	120	0	0
One Transport Waggon	75	0	0
One Do. Carriage	70	0	0
Duplicates viz			
10 - 1 ft [illegible] Brass Tubes 113/20 lb @ 1/6	8	10	3
6 Ball Valves @ 5/-	1	10	0
Packing Flannell & Boxes for Engine Tender & Duplicates	12	0	0
Freight of Engineman	3	0	0
1 Brass Rule 3 ft to order	0	10	0
1 Box Wood with Arch Joints	0	9	0
£	1140	19	3

~~No.~~ No. 724.

Die „Rocket", Nachbau im National Railway Museum, York, UK, dahinter die „Mallard", Weltrekord-Dampflokomotive von 1936

Jürgen Franzke

Die Stephenson Railway Company

George Stephenson, nach einem Gemälde von Henry Perronet Briggs

George Stephenson wurde 1781 in Wylham bei Newcastle upon Tyne (Northumberland) als Sohn armer Eltern geboren. Bereits mit 14 Jahren musste er in einer Kohlegrube arbeiten und eine Dampfmaschine bedienen. Dadurch konnte er sich intensiv mit dieser Technik beschäftigten und bald Experte werden. Er arbeitete dann als Aufseher und leitete später die Kohlenwerke von Lord Ravensworth bei Darlington. 1814 baute er für die Eisenbahn in den Kohlenwerken eine erste Dampflokomotive. So war er zwar nicht der Erfinder der Dampflokomotive, er entwickelte sich aber zum erfolgreichsten Eisenbahnpionier des beginnenden 19. Jahrhunderts.

Unter der Leitung Stephensons wurde am 27. September 1825 die erste öffentliche Eisenbahnlinie der Welt zwischen Stockton und Darlington in Nord-Ost-England eröffnet. Seine „Locomotion" zog unglaubliche 38 Eisenbahnwagen, davon 12 Güterwagen, die mit Kohlen und Weizen beladen waren, in der Mehrzahl jedoch Personenwagen mit Sitzplätzen für ca. 600 Fahrgäste, meist Arbeiter der Company. Die Gleise hatten eine Spurweite von 4 Fuß 8 ½ Zoll oder 1435 mm, dieses Maß entwickelte sich zur weltweiten Normalspur.

George Stephenson hatte sich damit einen Namen gemacht und wurde nun beauftragt, die neu geplante Strecke Liverpool-Manchester zu bauen und zu betreiben. Die Eisenbahnlinie hatte eine enorme Länge von 56,327 km und war für damalige Verhältnisse eine beeindruckende ingenieurtechnische

Saxon - Bavarian RWCo

Jany 1842

6 Locomotive Engines No 364. 365. 366. 367. 3

13 In Cylinders - 18 In Stroke 369

2 pair 5 ft Small Wheels - Coupled

1 pair 3 to 3½ ft do Trailing

Copper Fire Box

150 Wrot Iron Tubes - 2 In Outside Diam - 1

Boiler - to be 8 ft 6 in long and 3 ft 4 in diam and strong en

for a working pressure of 65 to 90 lbs per In

The Tubes - to be placed as high as possible abo

the grate so as to prevent the lower ones

becoming choked. and to obtain the greate

possible heating surface in the Fire Box for

this purpose the

Fire Box - is to be 4 ft square on the outside and

inside to be of strong copper

Regulator - to be constructed with a flat side

as shown by drawing

Connecting Rod Ends. fitted with brasses to be mad

as per drawing

Chimney - to be 13 ft 6 in from Rail without any cove

and formed according to the drawing.

Aus Stephensons Order-Book: Saxon-Bavarian Railway
Bestellung von 6 Lokomotiven Nr. 365-369
© National Railway Museum, York, UK

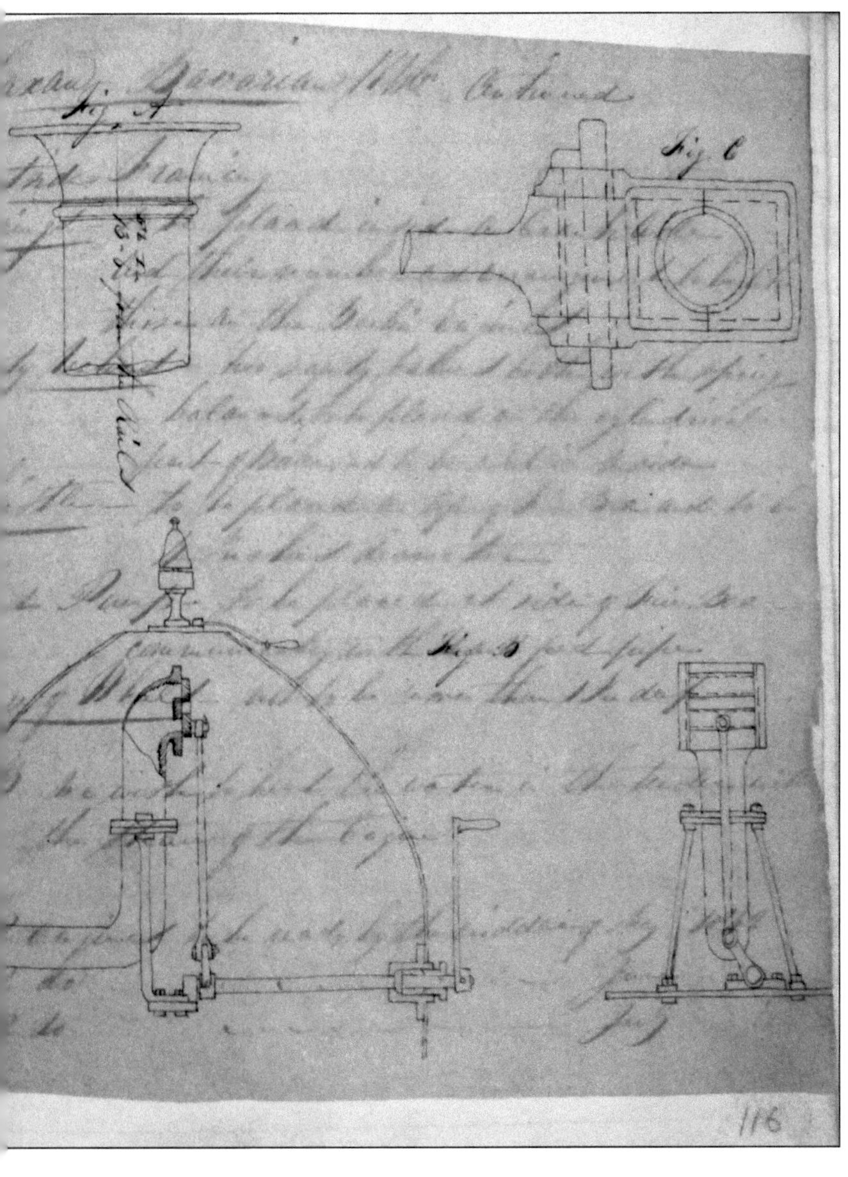

Leistung. Stephensons einziger Sohn Robert (1803-1859) war bei der Planung aktiv beteiligt. Bereits 1823 hatten Vater und Sohn zusammen mit Edward Pease und Michael Longridge ein Unternehmen zum Bau von Dampflokomotiven gegründet. Die Firma *Robert Stephenson and Company* existierte fast 120 Jahre, das ursprüngliche Fabrikgebäude an der Forth Street in Newcastle existiert noch heute. Um eine Lokomotive zu finden, welche die lange Strecke Liverpool-Manchester zuverlässig bewerkstelligen konnte, wurde ein Wettbewerb zwischen vier verschiedenen Lokomotivbauern durchgeführt. Im berühmten Rennen von Rainhill 1829 ging Stephensons „Rocket" als eindeutiger Sieger hervor, von da an waren die Stephensons die Nummer Eins im englischen Lokomotivenbau, ihr Name war damit auch in ganz Europa und auch in Amerika bekannt. Belgien, Holland, Frankreich, Deutschland, Italien und Spanien bestellten ihre ersten Lokomotiven nun bei *Robert Stephenson and Company* in Newcastle-upon-Tyne.

So wurde auch die erste „deutsche" Lokomotive für die Nürnberger Ludwigs-Bahn gebaut. Das Bestellbuch der Stephenson Company, das im National Railway Museum in York archiviert ist, weist dies aus. Die fortlaufende Nummer 118 zeigt, das die englische Firma bereits reiche Erfahrung im Bau von Lokomotiven hatte, auch andere deutsche Eisenbahngesellschaften bestellten in den Folgejahren ihre ersten Lokomotiven bei Stephenson.

S. 44/45: Stationsplan des Adler-Bahnhofs in Nürnberg, um 1850

Jürgen Franzke

Der Bau der Adlerstrecke

Nachdem die Aktien-Gesellschaft nun etabliert war, begann man zügig, den Bau der Strecke zu planen. Dazu bedurfte es eines erfahrenen Ingenieurs, und so fragte man bei der führenden Firma in England, bei Robert Stephenson an. Doch das Angebot der englischen Firma war sehr teuer. Platner hatte in München den Ingenieur Paul Denis kennengelernt, der in Amerika und England bereits Erkundungen im Eisenbahnwesen unternommen hatte. Und dieser erklärte sich bereit, die Planung für die Bahn zu übernehmen. Denis war im Dienst des Bayerischen Staates tätig und erhielt die Genehmigung seiner Vorgesetzten, die Planung in Nürnberg durchzuführen.

Innerhalb von drei Monaten erstellte er einen detaillierten Plan des Grundbaus der Strecke, der Terrassierung, der nötigen Erdarbeiten und mehr. Das Direktorium war hocherfreut und beantragte im Staatsministerium des Inneren, Denis für den Bau der Bahn freizustellen. Dies wurde am 31. Oktober 1834 gewährt, Denis konnte „vorerst für einige Wochen" nach Nürnberg gehen.

Obwohl es viele Zweifel über die Technik und die Ausführung der Strecke in der Aktien-Gesellschaft gab, konnte Denis seine Vorstellungen durchsetzen. Gebaut werden sollte nach dem sogenannten „Englischen System", einer soliden Bauart, nicht nach dem wesentlich einfacheren und leichteren „Amerikanischen System".

Die Ludwigsbahn-Gesellschaft hatte Mitte des Jahres 1834 die nötigen Grundstücke für den Bau der Strecke erworben und konnte mit vielen Grundstücksbesitzern Kaufverträge abschließen – berühmte Ausnahme war die Witwe Sperr, die eine unmäßig hohe Summe für ihren kleinen Acker verlangte. Auch mit einigen anderen, darunter auch Familien der Nürnberger Patrizier, gab es längere Verhandlungen. Erst im Mai 1835 kam es zum Abschluss aller Verhandlungen, die Gesellschaft musste schließlich für alles deutlich mehr Geld aufwenden als geplant

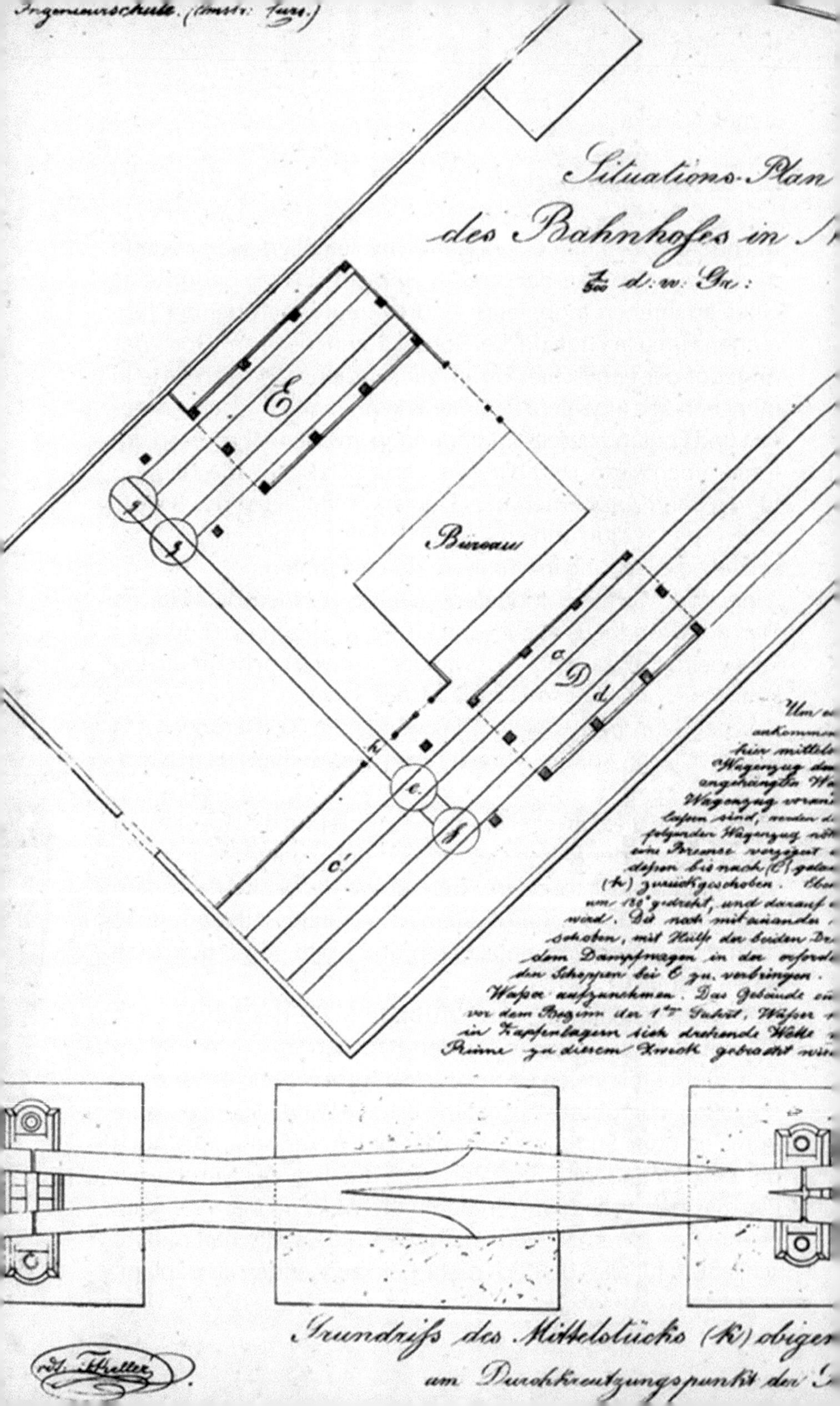

Ingenieurschule. (Umstr: Curs:)

Situations-Plan des Bahnhofes in …

$\frac{1}{500}$ d: w: Gr:

E

Bureau

c

D

d

h

g

f

e

f

c'

Um …
ankommen…
kein mittel…
Wagenzug de…
angehängten W…
Wagenzug vorau…
lassen sind, werden d…
folgenden Wagenzug näh…
eine Bremse verzögert …
dessen bis nach (C) gela…
(k) zurückgeschoben. Ebe…
um 180° gedreht, und darauf …
wird. Die noch miteinander …
schoben, mit Hülfe der beiden Dr…
dem Dampfwagen in der erford…
den Schoppen bei C zu verbringen.
Wasser aufzunehmen. Das Gebäude …
vor dem Beginn der 1ten Fahrt, Wasser …
in Zapfenlagern sich drehende Welle …
Rinne zu diesem Zweck gebracht wir…

Grundriß des Mittelstücks (K) obiger … am Durchkreutzungspunkt der …

H. Keller

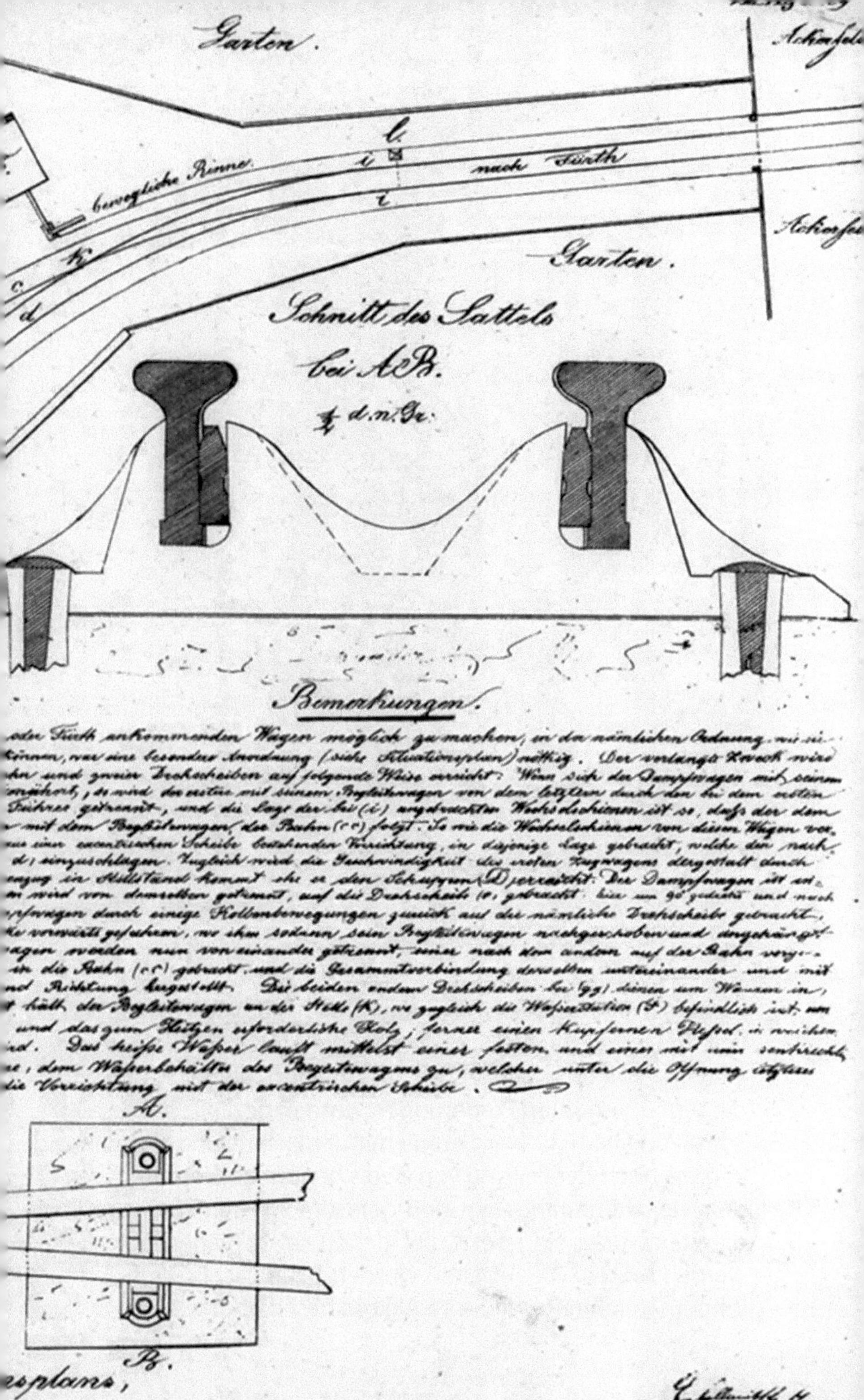
Garten.
bewegliche Rinne
nach Fürth
Garten.
Schnitt des Sattels
bei A B.
Bemerkungen.
A.
B.

Modell des Nürnberger Bahnhofs der Ludwigs-Eisenbahn am Plärrer, erstellt von Claudius Karlinger, Eigentum DB Museum

– und ein Grundstück fehlte immer noch: das von Witwe Sperr. Erst im September 1835, als bereits ein großer Teil der Strecke erstellt war, kam es schließlich zur Einigung mit der Witwe und die sehr überhöhten Forderungen wurden bezahlt.

Im Frühjahr 1835 war bereits mit der Herstellung des Bahnkörpers unter der Leitung von Denis begonnen worden. Nachdem der Damm angelegt und gefestigt worden war, wurden die Steinwürfel eingesetzt, auf denen die Schienen befestigt werden sollten. Die Arbeiten wurden hauptsächlich mit Tagelöhnern durchgeführt, die im Akkord beschäftigt waren.

Insgesamt wurden 12.612 Sandsteinwürfel verlegt, die eine lange Haltbarkeit gewährten. Der für die Pferde vorgesehene Laufweg zwischen den Schienen wurde mit Bruchsteinen hergestellt, über die eine Kiesschicht gelegt wurde. Technische Schwierigkeiten bereiteten die Stellen, wo Feldwege die Bahnstrecke kreuzten. So wurde beschlossen, an drei Kreuzungspunkten Wärterhäuschen aufzustellen, die von Posten besetzt waren, welche Schranken zu schließen hatten, wenn der Zug ankam.

Nun konnte mit dem sogenannten Oberbau begonnen werden, in erster Linie mit der Verlegung der Schienen. Die Gesellschaft hatte große Schwierigkeiten, überhaupt Schienen erwerben zu können, da es für deren Herstellung in Deutschland noch kaum Erfahrungen gab und die englischen Schienen auch aufgrund des Zolls viel zu teuer waren. Nach längerer Suche war man schließlich bei der Firma Remy & Co., einem Eisenwerk in Neuwied bei Köln fündig geworden. Im April 1835 wurden dort Schienen nach der von Denis errechneten Länge bestellt: 15 Fuß, also ca. 4,50 Meter. Im Mai wurden die ersten Musterschienen geliefert und schließlich kamen nach und nach alle 2847 Schienen, wie Denis errechnet hatte, in Nürnberg an. Auch der sonstige Bedarf an Nägeln, an Schienen-Stühlen und anderem war schließlich da und es konnte mit dem Verlegen begonnen werden. Dies funktionierte nun relativ schnell, pro Tag wurden 60-80 Schienen aneinandergelegt, verkeilt und im Stein festgenagelt. Hierfür waren bis zu 97 Taglöhner, vier Pflasterer, zehn Steinbohrer und sechs Fuhrleute im Akkord tätig. Auch konnten die von der Firma Spaeth gelieferten Drehscheiben zum Rangieren der Wagen und der Lokomotive eingebaut werden und Ende Oktober 1835 war die Bahn auf einer Schienenstrecke von ca. 20.000 bayr. Fuß beziehungsweise 6130 Metern betriebsfähig.

Die Arbeiten an den beiden Bahnhöfen in Nürnberg und Fürth waren durch die langen Grundstücks-Verhandlungen erst spät in Gang gekommen. In Nürnberg wurden errichtet: ein Stations-Gebäude, eine Einstiegshalle (Remise), ein Wagenschuppen, Stallungen für die Pferde, ein Holz- und ein Kohleschuppen, in Fürth ebenfalls ein Stationsgebäude, eine Remise, ein Wagenschuppen und ein Stall. Die Bauarbeiten gingen zwar rasch voran, doch aufgrund der knappen Zeit waren sie bei der Öffnung der Bahn nur notdürftig abgeschlossen.

Dennoch sind die gesamten Maßnahmen und Arbeiten zur Errichtung der ersten deutschen Eisenbahn in erstaunlich kurzen Zeiträumen geplant und vollendet worden. Man kann dem Wagemut der Verantwortlichen und dem Vertrauen in die eigenen Fähigkeiten heute nur Bewunderung zollen.

Jürgen Franzke

William Wilson – der erste deutsche Lokführer – ein Engländer

William Wilson

Als die Ludwigs-Eisenbahn-Gesellschaft im Mai 1835 einen Dampfwagen bei Stephenson bestellte, äußerte man die Bitte, einen kompetenten Techniker mit nach Nürnberg zu schicken,

Grabstein der Familie Nudinger,
auf der Rückseite der Epitaph für William Wilson

S. 51: Epitaph für William Wilson

der Kenntnisse von der Lokomotive hatte und diese auch vermitteln konnte. Zusammen mit den in 19 Kisten verpackten Teilen des Adlers kam dann auch William Wilson, der in der Werkstatt Stephensons gearbeitet hatte, in Nürnberg an. Er hatte den Transport über Rotterdam, dann den Rhein hinauf bis Köln und schließlich auf Fuhrwerken nach Nürnberg von Anfang an begleitet und überwacht.

Wilson war sowohl Lokomotivführer wie auch Maschinenwärter, das heißt er beherrschte die Technik der Lokomotive und des Zuges, die er in der Werkstatt von Stephenson erlernt hatte. In der Fabrik von Spaeth, in der die Lokomotive zusammengebaut wurde, war Wilson der gefragte Mann bei der Montage. Am 26. Oktober waren die Kisten in Nürnberg angekommen, etwa zwei Wochen später war die Lokomotive fertiggestellt, Mitte November konnte die erste Probefahrt mit dem Dampfwagen durchgeführt werden. Wilson fungierte als Lokomotivführer, später auch als Leiter der Werkstatt, die eingerichtet wurde, um etwaige Reparaturen an Lokomotive und Zug auszuführen. Er war der „Star" bei der Eröffnungsfahrt am 7. Dezember 1835, wo er in Frack und Zylinder voller Stolz den „Adler" steuerte.

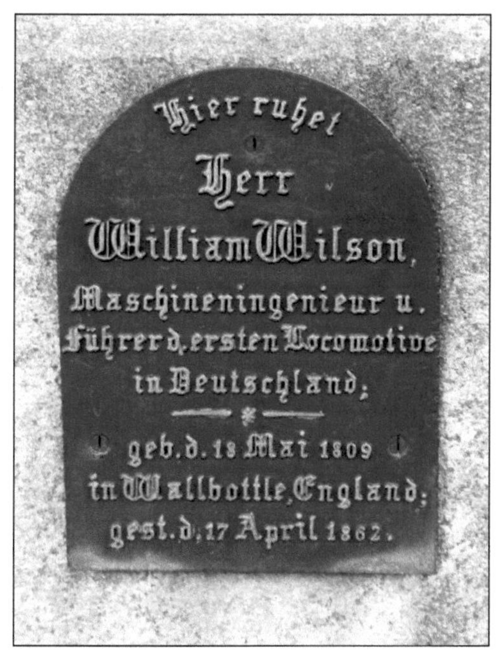

Am Morgen des 8. Dezember 1835 begann der regelmäßige Betrieb der Ludwigs-Eisenbahn, täglich fuhr der Adlerzug zweimal nach Fürth und zurück, ansonsten ging die Pferdebahn. Von Anfang an herrschte ein riesiger Andrang auf die Fahrten

Georg Z. Platner
geb. 27. Juli 1781, gest. 9. Juli 1862.
Elise Platner geb. Cramer
geb. 20. Juni 1790, gest. 8. Novbr. 1862.
Elisabeth Killinger geb. Platner
geb. 2. Juli 1822, gest. 21. Aug. 1919
Nachkommen Killinger
ELISABETH WÖLFEL
GEB. KILLINGER
URENKELIN VON G. Z. PLATNER
✱ 14. JULI 1890 ✝ 23. APRIL 1985
ZUM GEDENKEN AN DEN MITBEGRÜNDER
UND DIREKTOR DER ERSTEN DEUTSCHEN
EISENBAHN
GEORG ZACHARIAS PLATNER
✱ 27. JULI 1781 IN NÜRNBERG ✝ 9. JULI 1862 IN NÜRNBERG
GEWIDMET VON DER STADT NÜRNBERG 1985

mit dem Dampfzug, den Ingenieur Denis mit Schrecken verfolgte, fürchtete er doch um die Sicherheit der Menschen und den Bestand der Bahn, denn die Wagen waren oft überladen. Wilson wurde ermahnt, nicht weiterhin so zu rasen wie in den ersten Tagen (Mück, 141). Um aber dem Verlangen des Publikums nachzukommen, wurden ab Ende Januar 1836 Schnellfahrten eingerichtet. Diese waren zwar teuer, ein halber Gulden pro Person, waren aber ständig ausgebucht und bildeten damit eine gute Einnahmequelle. Die Normal-Geschwindigkeit des Zuges betrug circa 25 km/h, die Fahrt dauerte etwa 9 Minuten bis Fürth, Schnellfahrten hatten eine Geschwindigkeit von über 50 km/h. Wilson hatte bisher mit einer Vereinbarung gearbeitet, die im Zusammenhang mit dem Kauf, dem Transport sowie dem Betrieb der Lokomotive stand.

Seine Aufgaben waren, den Transport zu überwachen, den Zusammenbau der Lokomotive anzuleiten und die ersten Fahrten mit dem Dampfzug durchzuführen. Der Vertrag war auf acht Monate befristet.

S. 52: Grabplatte Georg Z. Platner, Johannisfriedhof Nürnberg
Unten: Grabplatte Johannes Scharrer, Johannisfriedhof Nürnberg

Im Protokoll Nr. 26 der Ludwigs-Eisenbahn-Gesellschaft heißt es: *„2. Legte Herr Direktor Platner die von Herrn Stephenson für Wilson während seines hiesigen Aufenthalts gemachten Bedingungen vor, worauf dessen Aufenthalt 8 Monate dauern und er wöchentlich 35 Schillinge, bei Unterweisung eines Wagenlenkers aber 40 Schilling beziehen soll. Dabei fand man nichts zu erinnern."*

Durch die Ludwigsbahn–Gesellschaft erhielt er erst am 29. Januar 1836 einen Vertrag. Darin wurde festgelegt, dass Wilson so lange in Nürnberg bleiben sollte, bis er einen Nachfolger in der Führung der Lokomotive entsprechend ausgebildet hatte, sodass dieser eigenständig und verantwortlich den „Adler" heizen, steuern und reparieren konnte. Man fand einen jungen Mann mit dem Namen Rech, der in Warschau in einer Maschinenfabrik gearbeitet hatte, er wurde zum ersten deutschstämmigen Lokomotivführer ausgebildet. Doch die Fahrgäste wünschten, nicht von ihm, sondern von dem „langen Engländer" gefahren zu werden, die Einnahmen gingen zurück, sobald Rech auf dem Führerstand war, also musste Wilson wieder auf die Lok – und blieb deshalb weiterhin in Nürnberg und hauptverantwortlich für den Eisenbahnbetrieb. Er erhielt zusätzlich die Aufsicht über den gesamten Schienenstrang und den sogenannten Oberbau, auch die Ausführung von Reparaturen und die Leitung einer Werkstatt wurden ihm damit übertragen. Er war der bewunderte Experte und ein hochgeachteter Mann in Nürnberg.

Im Bericht des „Stuttgarter Morgenblattes" von 1836 wird Wilson charakterisiert:

„Jede Schaufel Steinkohlen, die er nachlegt, brachte er mit Erwägung des rechten Maßes, des rechten Zeitpunktes, der gehörigen Verteilung auf den Herd. Keinen Augenblick müßig, auf alles achtend, die Minute berechnet, da er den Wagen in Bewegung zu setzen habe, erscheint er als der regierende Geist der Maschine und der in ihr zu ungeheurer Kraftentfaltung vereinigten Elemente." (Zitiert nach Mück, 156).

Wilson erhielt von der Gesellschaft ein stolzes Jahressalär von 1500 Gulden, ein höheres Gehalt als es Eisenbahndirektor Johannes Scharrer bekam, der „nur" 1200 Gulden verdiente.

In den Anfangsjahren stets mit Frack und Zylinder bekleidet, steuerte Wilson den „Adler" mit leichter Hand und rief damit große Bewunderung hervor. Doch er war auch ein Mann des Widerspruchs, es wird berichtet, dass er als freiheitsliebender Engländer immer wieder gegen das strenge Reglement der Ludwigs-Bahn aufbegehrte. (Mück, 157).

Im Jahr 1842 machte Wilson einen sechswöchigen Urlaub in seiner Heimat und kehrte dann zusammen mit seiner Schwester nach Nürnberg zurück, die ihm in den folgenden Jahren den Haushalt führte. Sie starb aber bereits 1845. Er selbst blieb weiterhin in Nürnberg, sein Vertrag wurde immer wieder verlängert, er fühlte sich sehr wohl in der Stadt. Zunächst lebte er im Gasthaus „Wilder Mann" in Gostenhof, ab 1837 dann relativ bescheiden in einem Zimmer im Ludwigsbahnhof am Plärrer. Später fand er auch die Liebe hier und war mit „einer Nürnbergerin" liiert – doch als Ausländer durfte er nicht in Nürnberg heiraten. Dem Paar wurde eine Tochter geboren, Anna, die den Sohn des Mineralfabrikanten Nudinger heiratete. „Bis heute leben Nachfahren Wilsons in Nürnberg und in der Nähe von Frankfurt" (Mertens, in: Der ADLER, 65).

Da sich die Ertragslage der Ludwigsbahn verschlechterte, erhielt Wilson 1844 zwar einen neuen Vertrag, aber ein geringeres Gehalt, nämlich 1200 Gulden. Er verpflichtete sich darin, Lehrlinge und weitere Bedienstete im technischen Bereich der Bahn auszubilden. Und er war ein strenger Lehrmeister, der seine Gehilfen nur zögerlich in die Geheimnisse seines technischen Könnens einweihte. Er verlangte aber, dass sie alle schweren und schmutzigen Arbeiten auszuführen hatten, und das konnte er, weil sich viele für diese harte Arbeit bewarben. Als zweiter Gehilfe nach Rech wurde der Schlossergeselle Bockmüller aus Wernigerode eingestellt, der an der Nürnberger Polytechnischen Schule seine technische Vorbildung erworben hatte. Er wurde von Wilson ebenfalls zum Lokführer ausgebildet und wechselte sich seit 1842 wöchentlich mit ihm in der Steuerung der Lokomotive ab.

Wilson war durch die jahrelangen Fahrten bei jedem Wetter in Frack und Zylinder auf dem ungeschützten Führerstand und durch Einatmen des giftigen Rauches bereits gesundheitlich angeschlagen. Erst 1845/46 wurden die Lokomotivführer – mittlerweile gab es bereits drei – mit Ledermänteln als Witterungsschutz ausgestattet, die Führerstände erhielten 1853 endlich Schutzdächer.

1859 verschlechterte sich sein Gesundheitszustand massiv und er konnte seinem Dienst nicht mehr regelmäßig nachkommen. 1860, zur 25-Jahr-Feier der Ludwigsbahn, wurde er als erster deutscher Lokomotivführer – der ein Engländer war – hochgeehrt. Doch zwei Jahre später, kurz vor seinem 53. Geburtstag, am 17. April 1862 starb er. Seine Beerdigung erfolgte unter großer Anteilnahme der Bevölkerung auf dem St. Johannesfriedhof. Dort kann noch heute sein Epitaph auf dem Grab der Familie Nudinger besichtigt werden.

Innenhof der Spaeth'schen Fabrik, um 1860

Jürgen Franzke

Die Spaeth'sche Fabrik

Johann Wilhelm Spaeth, der 1786 in der Nähe von Ansbach geboren wurde, erlernte das Müllerhandwerk und arbeitete einige Jahre als Mühlbursche und dann als Werkführer in der Rohrersmühle in Schwabach. 1807 trat er seine Wanderjahre durch Deutschland an und sammelte Erfahrungen im Maschinenwesen.

Schließlich ließ er sich in Nürnberg nieder und gründete 1822 eine mechanische Werkstätte in Zusammenarbeit mit der Tuchfabrik Lobenhofer in Wöhrd. Drei Jahre später, 1825, erwarb er ein Grundstück mit altem Hammerwerk am Dutzendteich und eröffnete dort eine eigene Produktionsstätte, die *Firma Johann Wilhelm Spaeth: Maschinenfabrik und Eisengießerei*, wie sie im Briefkopf titulierte. Diese gilt als Nürnbergs erste Maschinenfabrik, obwohl Spaeth die Fabrikkonzession erst 1842 erhielt.

Im Oktober 1835 übernahm er den Auftrag zum Zusammenbau der aus England gelieferten Teile der Stephenson'schen Dampflokomotive, unter Anleitung des Mechanikers und Lokomotivführers William Wilson. Bereits nach zwei Wochen war die Lokomotive betriebsbereit und konnte ihre Probefahrten beginnen.

Spaeth, der zahlreiche Maschinen für die entstehende Fabrikindustrie im süddeutschen Raum baute, hatte sich stark auf die technische Ausstattung des Ludwig-Kanals konzentriert. Er konstruierte zahlreiche Spezialmaschinen und Ausrüstungen wie Bagger, Schleusen, Hafenkräne und mehr. Für den großen „Dörlbacher Einschnitt" bei Neumarkt baute er eine eigene Baggermaschine. Dabei versäumte er wohl, sich bei dem lukrativen, schnell expandierenden Eisenbahnwaggonbau und in der Lokomotivtechnik zu engagieren. Während der Arbeiten zur Deutschen Industrie Ausstellung in München 1854 erkrankte Spaeth an der Cholera und verstarb wenig später.

Die Maschinenfabrik Spaeth kam noch einmal mit dem „Adler" in Berührung. 1857 kam die ausgemusterte Lok als statio-

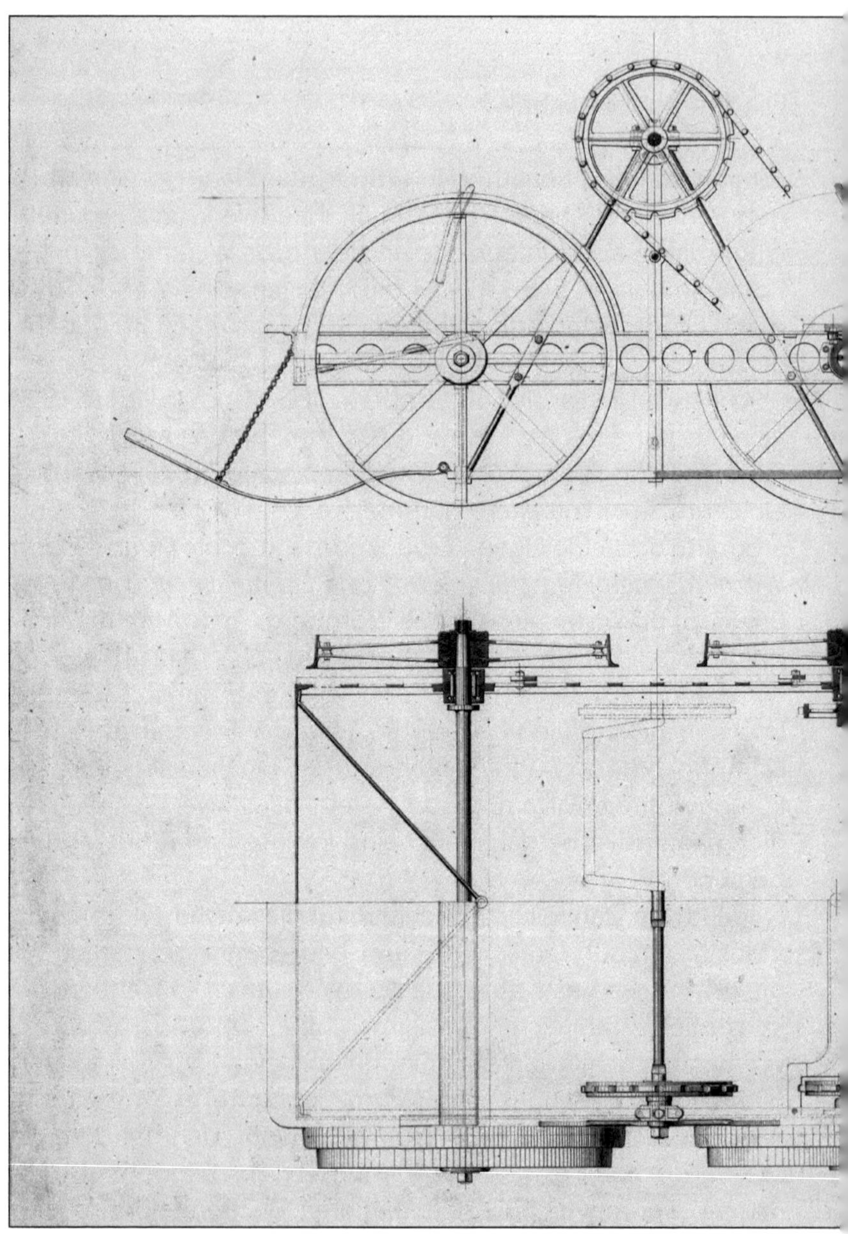

Draisine für Gleisfahrten, Konstruktionszeichnung Fa. Wilhelm Spaeth

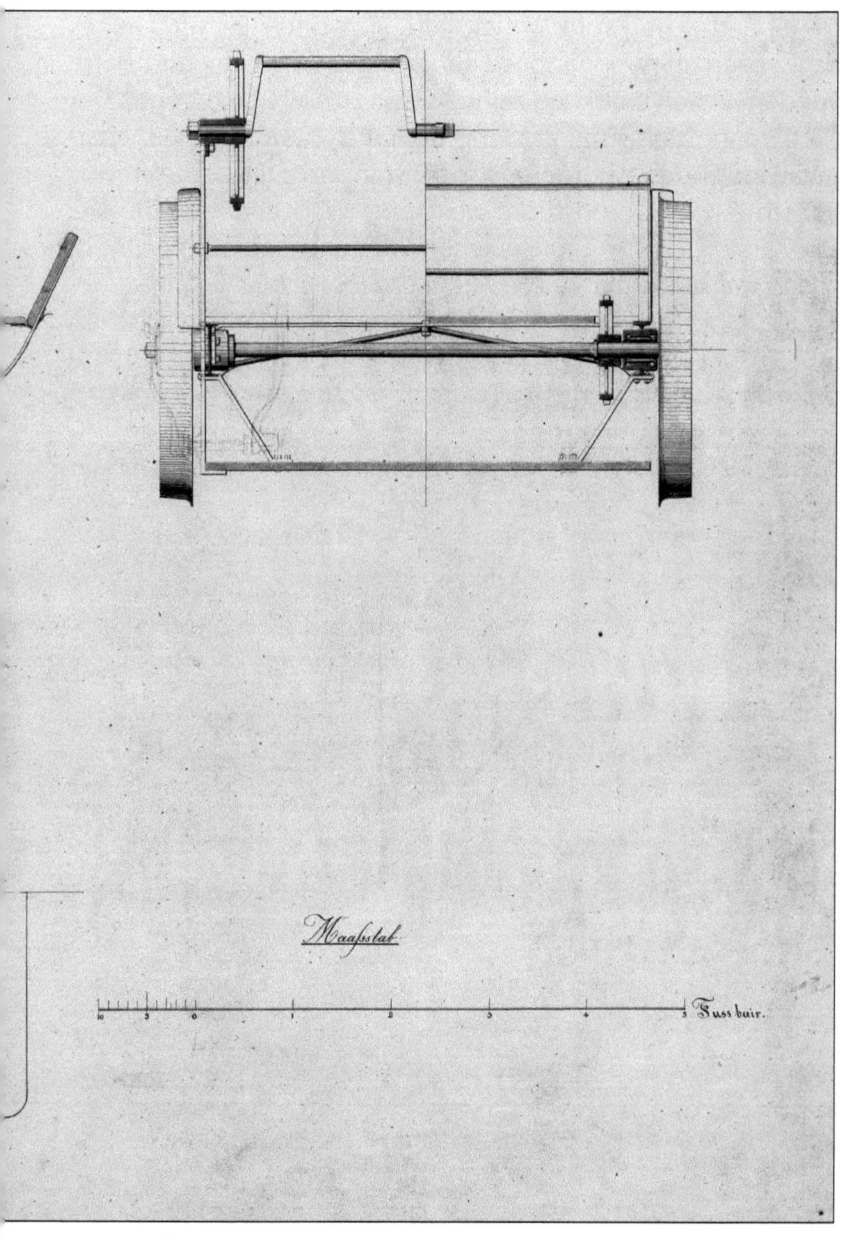

näre Dampfmaschine dort zum Einsatz. Zuletzt verkaufte man die Lokomotive samt Tender nach Augsburg, wie bereits an anderer Stelle erwähnt, wo sich ihre Spur verliert.

Die Spaeth'sche Fabrik entwickelte sich unter Leitung seines Schwiegersohns, Johannes Falk erfolgreich weiter und hatte vor dem Ersten Weltkrieg zeitweise bis zu 400 Beschäftigte. Der Niedergang der Firma kam mit der Entstehung des Reichsparteitagsgeländes der Nationalsozialisten am Dutzendteich, wo Spaeth etliche Grundstücke weit unter Wert abgeben musste. Die Zerstörung der Fabrikanlagen während des Zweiten Weltkriegs traf die Firma schwer, 1960 erfolgte schließlich ihre Auflösung. Über den unrühmlichen Umgang mit dem Späth'schen Erbe, insbesondere der Villa an der Schultheißallee, gibt ein Aufsatz von Susanne Rieger und Gerhard Jochem gute Einblicke.

Oben: Maschinenhalle mit Transmissionen, Spaeth'sche Fabrik, um 1860
S. 62/63: Am Ludwigsbahnhof, um 1870

Jürgen Franzke

Der Ludwigs-Bahnhof am Plärrer

Vielfach wird heute überlegt: Wo stand er eigentlich genau, der erste deutsche Bahnhof, der Bahnhof der Ludwigs-Eisenbahn von 1835? Es existieren zwar Zeichnungen der Grundrisse und auch Ansichtszeichnungen der Remisen, also der beiden Gleishallen, sowie des Verwaltungsgebäudes, doch wenn man den exakten Standort bestimmen will, muss man Stadtpläne aus verschiedenen Zeiten vergleichen. Aus dem Stadtplan von 1913 wird die Lage ersichtlich, doch erst wenn man den Stadtplan von 1952 darüber legt, kann man genau bestimmen, wo er einst stand. Denn im 1952er Plan ist die Straßenführung am Plärrer bereits so angelegt, wie sie noch heute existiert. Wir ersehen aus diesem Vergleich: der erste Bahnhof der Ludwigs-Eisenbahn stand genau an der Fürther Straße, auf Höhe des Plärrer-Hochhauses und des Verwaltungsgebäudes der N-Ergie. Auf der heutigen Fürther Straße lag das Gleis der Ludwigsbahn, die nördliche Fürther Straße war damals die Chaussee nach Fürth. Etwa auf Höhe der DATEV – der früheren „Schuco-Fabrik", Ecke Roonstraße – liefen die Chaussee und das Adlergleis zusammen, und beide führten dann nahezu parallel nach Fürth.

Die Ludwigseisenbahn entlang der Fürther Straße, um 1870

Auf dem ersten Plan von 1836 (Beyer) erkennt man folgende Gebäudeteile: zwei Remisen – heute würde man von Gleishallen sprechen – mit jeweils zwei Gleisen, dazwischen ein Verbindungsgleis. Dazu vier Drehscheiben, um die Lokomotiven und

Denkmalbrunnen der Ludwigs-Eisenbahn, dahinter Ludwigsbahnhof, um 1900

Wagen zu wenden und zu verschieben. Die nördliche Remise war die Abfahrts- und Ankunftshalle des „Adlers“ (s. S. 44/45).

Zwischen den Remisen lag das Verwaltungsgebäude mit Räumen für ein Büro und eine Kasse, die Küche, den Raum für Knechte sowie zwei Räume für „Fremde“, also für Reisende. Diese konnten hier auf die Abfahrt des Zuges warten. Dazu gab es auf dem Gelände noch einen Pferdestall mit sechs Boxen sowie zwei Magazinräume. Wir wissen, dass der Adlerzug anfangs nur zweimal täglich hin und zurück mit Dampflokomotiven fuhr (um 13 Uhr und 14 Uhr), ansonsten ging die „Pferdebahn“, zunächst täglich neunmal hin und zurück, später weniger, da nicht rentabel.

In der Nähe der Ausfahrgleise stand ein Wasserbehälter, der so angelegt war, dass die Lokomotive mit Tender Wasser fassen konnte. Dies war ein Vorgänger der späteren Wasserkräne, die in Bahnhöfen vielfach zu finden waren.

Nach Osten, zur Stadt hin, war ein Hof angelegt, auf dem ein kleines Denkmal stand, das an die erste Fahrt des Adlers erinnerte.

Das gesamte Gelände war umzäunt, nur von der Hofseite her gab es einen Zugang für Reisende. Die Bezeichnung „Bahnhof“ gab es damals übrigens noch nicht, sie entwickelte sich aus diesem „Hof“, der an oder bei der Bahn lag und wurde erst um 1850 gebräuchlich.

Der zweite Ludwigs-Bahnhof

1871 wurde ein neues Stationsgebäude gebaut, das östlich des ersten stand, also näher zum Spittlertor hin gelegen. Mittlerweile gab es auch ein zweites Gleis, der Bahnverkehr hatte stark zugenommen - obwohl es zu dieser Zeit bereits den Nürnberger und Fürther Hauptbahnhof und die Staatsbahnverbindung gab.

Wo stand nun dieser neue Ludwigs-Bahnhof von 1871 genau? Dabei hilft wieder der Vergleich der Stadtpläne sowie einige Fotos, die im Fotoarchiv des DB Museum entdeckt wurden.

Der Denkmalbrunnen steht heute an der Fürther Straße im Stadtteil Gostenhof

Epitaph im Denkmalbrunnen: Eröffnungsfahrt 1835, Ausfahrt aus dem Bahnhof am Plärrer

1931/32 war bereits der moderne „Plärrer-Automat“ gebaut worden, eine zentrale Haltestelle für Straßenbahnen, zu der auch ein Automaten-Imbiss, ein sog. stummes Postamt und eine Wartehalle gehörten. Zwischen dem heutigen Plärrer-Hochhaus und dem Plärrer-Automat stand der zweite Ludwigsbahnhof. Legt man die beiden Stadtpläne (von 1913 und 1952) aufeinander, so sieht man, dass der Bahnhof genau auf der heutigen Kreuzung zwischen Fürther Straße und Rothenburger Straße stand.

Heute erinnert nichts mehr an diese Standorte. Der erste deutsche Bahnhof, der Bahnhof der Ludwigs-Bahn ist vollkommen in Vergessenheit geraten, ebenso der zweite. Nur noch eine kleine Tafel weist an dieser Stelle an das für Nürnberg und Fürth so bedeutende, stadtgeschichtliche Ereignis hin: die Eröffnung der ersten deutschen Eisenbahn, die Fahrt des Adlers!

Jürgen Franzke

Die Ludwigsbahn bis 1922

Bereits im ersten vollen Betriebsjahr 1836 verzeichnete die Ludwigsbahn enorme Fahrgastzahlen, mehr als 475.000 Personen wurden in den drei Wagenklassen I. bis III. Klasse befördert, das waren monatlich fast 40.000 Personen. Die Aktionäre waren mit 20 % Dividende sehr zufrieden. Diese Zahl der Fahrgäste ging in den folgenden Jahren etwas zurück, stieg aber seit 1850 kontinuierlich an, 1872 wurde die Millionengrenze erreicht. 1906 wurden dann bereits jährlich über 2 Millionen Fahrgäste befördert, die meisten davon in der III. Klasse.

Obwohl 1844 die erste Fernbahnstrecke der Bayerischen Süd-Nord-Bahn von Nürnberg nach Bamberg eröffnet wurde, die bei Doos die Ludwigsbahn kreuzte, war die rasche Beförderung auf der 6 km langen Strecke nach Fürth immer noch sehr attraktiv. Im Jahre 1881 trat als „Konkurrenz" auch die Pferdestraßenbahn auf den Plan. Der Bremer Kaufmann Heinrich Alfes hatte die Genehmigung erhalten, eine private Pferdestraßenbahn in Nürnberg einzurichten. Die erste Linie wurde auf der Fürther Straße gebaut, zum Teil parallel zur Trasse der Bahn. Bald darauf wurde diese über die Lorenzkirche zum Hauptbahnhof und zum Maxfeld verlängert: die Straßenbahn in Nürnberg war geboren, auch wenn sie anfangs noch von Pferden gezogen wurde. Zwar beeinträchtigte dies zunächst nicht die Fahrgastzahlen auf der Ludwigsbahn, doch die Fahrpreise mussten angepasst werden an die niedrigen Fahrpreise der Straßenbahn. Dadurch gingen die Einnahmen zurück und es konnten kaum mehr neue Investitionen in die Bahn getätigt werden.

Als schließlich 1895 die Regierung eine Elektrifizierung der Straßenbahn genehmigte – dies geschah im Hinblick auf die 1896 geplante, zweite Bayerische Landesausstellung auf dem Nürnberger Maxfeld – übernahm es die Berliner Allgemeine Elektrizitätsgesellschaft (AEG), die Straßenbahn von Fürth über den Plärrer und den Staatsbahnhof bis zum Maxfeld zu elektrifizieren. Ab 02. Mai 1896 wurde der Betrieb eröffnet, seitdem verkehrten fahrplanmäßig Züge zwischen Maxfeld und Fürth. Nun war das Ende der Ludwigsbahn abzusehen. Der Erste Weltkrieg bewirkte ein weiteres Absinken der Einnahmen, es fehlten zudem Arbeitskräfte und Brennmaterial. Dies führte schließlich dazu, dass die Bahn nach dem Ersten Weltkrieg eingestellt werden musste, da der Betrieb nicht mehr zu finanzieren war. Ihre letzte offizielle Betriebsfahrt erfolgte am 31. Oktober 1922. Die Wirtschaftskrise nach dem Ersten Weltkrieg, die Inflation und auch Kohlemangel hatten der Bahn letztlich den Lebensnerv abgeschnitten, die Ludwigsbahn war Geschichte.

Heute erinnert nur noch das 1890 fertiggestellte Eisenbahndenkmal auf der Fürther Straße im Stadtteil Gostenhof an die Pioniertat der damaligen Gründer der Ludwigs-Eisenbahn-Gesellschaft und die legendäre erste Fahrt des Adlerzuges am 7. Dezember 1835.

Jürgen Franzke

Die Wiedergeburt des Adlers

Zum 50-jährigen Jubiläum der Fahrt der ersten Deutschen Eisenbahn 1885 wurde erstmals in einer Gedenkschrift bedauert, dass der Dampfwagen verschrottet worden war. Jahre später, 1894, fasste der Erste Bürgermeister Nürnbergs, Georg von Schuh gemeinsam mit dem Direktor der Ludwigs-Eisenbahn-Gesellschaft den Entschluss, den Adler wenigstens als Modell wiedererstehen zu lassen und dieses, wie bereits den einzig verbliebenen Original-Wagen, dem Germanischen Nationalmuseum zu übergeben. Man stellte allerdings fest, dass es zum Original des „Adlers" keinerlei Pläne oder Zeichnungen mehr gab und sendete eine Anfrage an die Firma Stephenson, die schließlich einige Umrisszeichnungen zur Verfügung stellen konnte. Diese genügten zunächst kaum, um ein wirkliches Modell nachbauen zu können. Als drei Jahre später, 1899, in Nürnberg das *Königlich Bayerische Eisenbahnmuseum* eröffnet wurde, mit exzellenten Modellen der Bayerischen Staatsbahnen, die von Lehrlingen hergestellt worden waren, sollte nun auch ein Modell des Adlers angefertigt werden. Die Nürnberger Zentralwerkstätte der Bayerischen Staatsbahn wurde mit dem Modellbau betraut, und so entstand vom November 1899 bis September 1900 doch nach den Stephensonschen Zeichnungen der Adler im Maßstab 1:10. Damit war in dem neu eröffneten Eisenbahnmuseum in Nürnberg zumindest ein Modell der ersten deutschen Lokomotive vorhanden.

Als 1922 die Ludwigseisenbahn endgültig stillgelegt und 1923 der Neubau des Verkehrsmuseums an der Lessingstraße eröffnet wurde, entstand die Idee, den *Adler in Originalgröße* betriebsfähig zu rekonstruieren. Die erneute Suche nach Originalplänen verlief wiederum erfolglos, auch eine erneute Anfrage bei Stephenson in England verlief im Sande. Man hätte auch viele Originalzeichnungen benötigt, um die Lokomotive wieder herzustellen. Doch insbesondere der Leiter des Reichsbahn-Ausbesserungswerkes in Kaiserslautern, Carl Klensch

Die Bahn

gab, zusammen mit einigen Kollegen, nicht auf. Das 100-jährige Jubiläum der Ludwigsbahn im Jahr 1935 rückte näher und die Überlegungen, bis dahin den Adlerzug als Replik nachzubauen, wurden intensiver. Zunächst scheiterten die Pläne allerdings an der Finanzierung, denn die Reichsbahn hatte in der Weltwirtschaftskrise von 1929 und den folgenden Jahren größere Verluste hinnehmen müssen. Damit war die Finanzierung nicht gegeben. Erst als die Nationalsozialisten 1933 an die Macht kamen, wurde aus Prestigegründen das Projekt gestartet. Mit einem höheren Millionenetat wurde ein großes Fest der Reichsbahn geplant, um das 100-jährige Jubiläum vor internationalen Gästen groß zu feiern. Dabei fiel die Summe für die Rekonstruktion des Adlers und der Personenwagen kaum mehr ins Gewicht. Unter der Leitung von Carl Klensch wurde der Adlerzug im Reichsbahn-Ausbesserungswerk Kaiserslautern schließlich zum Sommer 1935 fertiggestellt und nahm Mitte Juli seine umjubelten Jubiläums-Fahrten auf dem Ausstellungsgelände im Süden Nürnbergs auf.

Auch bei den Jubiläumsfeierlichkeiten 1960 (125 Jahre Ludwigsbahn) fuhr der Adler in der Fürther Straße auf den Geleisen der Straßenbahn (gleiche Spurweite). 1985, zur großen 150-Jahr-Feier „Zug der Zeit – Zeit der Züge" auf dem Tafelgelände im Osten der Stadt führte die Bundesbahn eine große Fahrzeugparade durch, Star der Feier war wieder der „Adlerzug". Und schließlich 2010 zum 175-jährigen Bestehen der Deutschen Eisenbahn zischte er mit viel Prominenz an Bord vom Hauptbahnhof Nürnberg nach Fürth.

Führerstand des „Adler" bei Fahrten zu „175 Jahre Eisenbahn in Deutschland", DB Museum 2010

Oben: Ferdinand Schmidt, Gleisbau für die Straßenbahn am Plärrer, 1899
Unten: Der Plärrer nach Beendigung der Bauarbeiten, um 1900
S. 76/77: Blick über die Fürther Straße 1929

Regine Franzke

Die Strecke des Adlers – Zur Geschichte der Fürther Straße

Im Jahre 1796 übernahm Carl August Freiherr von Hardenberg, der spätere preußische Staatskanzler, als Staatsminister des preußischen Königs Friedrich Wilhelm II. die Regierungsgeschäfte in Ansbach. Zwar hatte der König, Herr über die Fürstentümer Ansbach und Bayreuth, von einer Übernahme Nürnbergs Abstand genommen, Hardenberg aber sah das anders. Der ‚Erwerb' Nürnbergs schien ihm notwendig, ein preußisches Nürnberg sei „vorteilhaft für das Commerz", schrieb er 1797.[1] Die hoch verschuldete alte Reichsstadt, die wahrlich schon bessere Tage gesehen hatte, war wirtschaftlich immer noch von Bedeutung, die alteingesessenen Nürnberger Handelshäuser genossen auch in diesen Krisenzeiten einen untadeligen Ruf. Und konnte man der Stadt Nürnberg wirklich nicht habhaft werden, „so muß man suchen, die Vorstädte emporzubringen".[2]

Das geschwächte Nürnberg hatte der Besetzung seiner Vororte bis unmittelbar vor die Tore der Stadt im Jahr 1796 nichts entgegenzusetzen. Auch die Verlegung der markgräflichen Bank von Ansbach nach Fürth war ein deutliches Zeichen, wen man zu stärken bzw. zu schwächen gedachte. Neue Straßenplanungen schließlich sollten zur Förderung des in- und ausländischen Handels beitragen, die heimische Wirtschaft fördern und in einem speziellen Fall, der geplanten Landchaussee zwischen Fürth und Nürnberg, den Nürnbergern empfindliche Einbußen bringen, erhoben diese bis dato doch immer noch Zoll- und Geleitgebühren für die alten Nürnberger Handelswege über Land. Mit der Planung der neuen Direktverbindung zwischen den beiden Nachbarstädten, als Weiterführung der Fernstraße von Frankfurt, deren Instandsetzung schon bis vor die Tore Fürths gediehen war, konnte im Jahr 1800 begonnen werden. Nach Begutachtung mehrerer Expertenvorschläge über deren Verlauf und Beschaffenheit, entschied sich Hardenberg für die Strecke der heutigen Fürther Straße, für Pflasterbelag aus Wendelsteiner Quarzit und beidseitige Alleebepflanzung mit

855

Pappeln. Da der Wendelsteiner Steinbruch Nürnberg gehörte, standen der Stadt Abgaben aus dem Verkauf der Steine zu. Wendelstein aber stand unter preußischer Hoheit, weshalb die Ansbacher Regierung keinerlei Anstalten machte, zu bezahlen. Das diesbezügliche Anschreiben des Nürnberger Rats blieb gänzlich unbeantwortet. Nun begann ein regelrechter Kleinkrieg mit allerlei findigen Unternehmungen, die Pflasterlieferungen aus Wendelstein zu behindern bzw. zu forcieren. Es half alles nichts, die auf ca. eine Million Stück veranschlagten Steine erreichten dennoch ihr Ziel, der Ausbau, begonnen im Frühling 1801 schritt voran.[3] Nach knapp vier Jahren, im Winter 1804, war die neue Straße fertiggestellt.

1806, nachdem sowohl Nürnberg als auch Fürth bayerisch geworden waren, spielten die einstigen Konkurrenzgedanken und Hardenbergs Versuch, die preußische Provinz auf Kosten Nürnbergs voranzubringen, keine Rolle mehr. Es entstand ein lebhafter, blühender Handel zwischen den beiden Städten, der durch die schnelle, komfortable Verbindung wesentlich erleichtert wurde.

Allerdings wurden schon einige Jahre nach Fertigstellung erste Mängel deutlich, Risse, Löcher und schlimmer noch, wegen der zu geringen Straßenwölbung und des Verzichts auf seitliche Gräben, blieb bei Regen das Wasser auf der Straße stehen, bei Frost verwandelte sich die Pflasterfläche in eine Eisbahn, für Mensch und Tier gefährlich und zeitweise unpassierbar. Nach einer jahrelangen, nicht endenden Flut von Beschwerden erfuhr die Fürther Straße von 1820 bis 1823 den Umbau von der Pflasterstraße zur Landchaussee. Im Grunde ein Neubau, da Pflaster und Packlage entfernt werden mussten, das Pflaster zu unterst gelegt wurde, darauf Schotter aus der wieder verwendeten Packlage und zu guter Letzt eine Auflage aus Kies – fertig war die Chaussee! Nun konnten Pferd und Reiter, Fuhrwerke, Kutschen und Fußgänger wieder ohne die oben genannten Beeinträchtigungen ihr Ziel erreichen. Erst im Zuge der Kanalisierung, die 1879 abgeschlossen war, bekam die Fürther Straße erneut einen Pflasterbelag und von Gaslaternen beleuchtete, breite Gehsteige.

Schon 1820 galt die Chaussee zwischen Nürnberg und Fürth als meist befahrene Straße im Königreich Bayern. Seit Jahren schon war sie so stark frequentiert, dass Überlegungen zu ihrer Entlastung angestellt wurden, wie z. B. die Idee einer von Pferden gezogenen Schienenbahn. Bis zur Realisierung der ersten Deutschen Eisenbahn, ihrer feierlichen Eröffnung und Jungfernfahrt entlang der rund 6 Kilometer langen Chaussee am 7. Dezember 1835, hatten die Nürnberger und Fürther Eisenbahnvisionäre viele, teils schwere Hindernisse zu überwinden, die sich in ihrer ganzen Bandbreite erst nach und nach herausstellten. Rückblickend betrachtet, war das Projekt Ludwigsbahn eine unerhört beeindruckende unternehmerische Leistung, dabei eine „Gleichung mit vielen Unbekannten", Neuland für alle Beteiligten und der Aufbruch in ein neues Zeitalter.

Nachdem sich die erste Neugier gelegt, und die in- und ausländische Presse sich beruhigt hatte, gehörte die Adlerlokomotive mit ihren gelben Wagen schon bald zum Alltagsbild der beiden Nachbarstädte. Ausgehend vom Ludwigsbahnhof am vorstädtischen Plärrer, dem noch bescheiden bebauten, weiten Platz am Spittlertor, passierte die Ludwigsbahn den Vorort Gostenhof, gefolgt von Wiesen, Feldern und vereinzelten Dörfern um nach besagten gut 6 Kilometern den zweiten Ludwigsbahnhof am Fürther Stadtrand zu erreichen.

S. 80/81 oben: Der erste Ludwigsbahnhof am Plärrer mit Cassa-Häuschen und Zugremise, dahinter nach rechts verlaufend das Gleis der Ludwigsbahn von Nürnberg nach Fürth sowie die Pappelallee, welche die Chaussee nach Fürth säumte. Ferdinand Schmidt, Plärrer-Panorama von 1865

S. 80/81 unten: 40 Jahre später hat sich der Plärrer sehr gewandelt: es wurde ein größeres Bahnhofsgebäude für die Ludwigsbahn gebaut (seit 1872), die Remise ist verschwunden, auf den Gleisen sieht man einen Zug stehen und zu Anfang der kurzen Allee zum Bahnhof befindet sich nun das Eisenbahndenkmal. Es fährt bereits die Straßenbahn, am Plärrer sind große Bürgerhäuser entstanden. Ferdinand Schmidt, Plärrer-Panorama von 1905

Der elegante Plärrer-Automat mit Wartehalle, Automaten-Restaurant und „stummem Postamt", 1930er Jahre.

Der große Erfolg der Ludwigs-Eisenbahn übertraf wohl selbst die kühnsten Erwartungen ihrer Initiatoren und Aktionäre. Hunderttausende verkaufter Billets schon im ersten Jahr, der Andrang vor den Cassa-Häuschen der beiden Ludwigsbahnhöfe Nürnberg und Fürth muss beachtlich gewesen sein. Und die Zahlen stiegen weiter. Der rasche und vergleichsweise komfortable Personentransport zwischen den beiden Nachbarstädten war in jeder Hinsicht ein Erfolg. Die im Vorfeld prognostizierte Anhäufung schwerer Unfälle blieb ebenso aus, wie der Untergang der Fuhrwerksleute. Die Eisenbahn machte nicht nur Gewinn, sie war einer! Anfang der 1850er Jahre waren stärkere, im Betrieb günstigere Loks der Kasseler Henschel-Werke angeschafft worden, der Adler wurde 1857 ausgemustert. Seit 1881 verkehrte auch eine Pferde-Straßenbahn parallel zur Ludwigsbahn, was zwar Auswirkungen auf die Fahrpreispolitik, nicht aber auf die Fahrgastzahlen hatte. Der Vorteil der Straßenbahn bestand darin, quasi überall problemlos zu- und aussteigen zu können, während die Eisenbahn die „Expressverbindung" zwischen den Nachbarstädten blieb. Das Straßenbahnnetz wurde unterdessen zügig in verschiedene Richtungen erweitert, was für die stetig wachsende Stadt und ihre Bevölkerung notwendig geworden war.

Zweifellos gebührt der Adler-Dampflokomotive als technischem Novum hierzulande die Ehre, dem Dampfmaschinen-Zeitalter sozusagen vorangefahren zu sein. ‚Impulsgeber' für die fortschreitende Industrialisierung wird sie genannt, und ‚Initialzündung' für die Ansiedlung neuer Industriezweige, die erst durch den Einsatz von Dampfmaschinen aus Manufaktur-Werkstätten Fabriken erwachsen ließen. Und tatsächlich erfolgte der erste Industrialisierungsschub in Nürnberg in den 1830er Jahren. Zu den ersten großen Fabriken jener Zeit zählten die Klett'sche Maschinenfabrik und Johannes Zeltners Ultramarinfabrik, beide nicht an der Fürther Straße gelegen. Die Entwicklung unserer Landchaussee zur belebten Verkehrsader und ‚Achse der Industrialisierung' zog sich noch einige Jahrzehnte hin.

„Da geht's ja zu wie am Plärrer" – ein geflügeltes Wort unter den Nürnbergern und unmissverständliches Synonym für Hektik, Lärm, Gedränge. Das Wort Plärrer (alte Schreibweise ‚Plerrer') entstand aus dem mittelhochdeutschen Begriff ‚Plerre', was in etwa gleichbedeutend ist mit ‚freier Platz'. Im Mittelalter konnten hier Händler, die keine Berechtigung für die innerstädtischen Märkte vorzuweisen hatten, ihre Waren feilbieten. Desweiteren bevölkerten bei sogenannten Messen im Frühjahr und Herbst Schausteller und Zirkusleute den Platz vor den Toren der Stadt. Mit der Errichtung des Ludwigsbahnhofs 1835 und dem Bau einiger privater und gewerblich genutzter Häuser änderte

Plärrer-Panorama mit Hochhaus, 1953

sich langsam das Bild. Um 1850 hatten sich in der Nähe zwar schon einige Fabriken angesiedelt, z. B. eine Zündholzfabrik und eine Haken- und Ösenfabrik, von reger Bautätigkeit konnte jedoch keine Rede sein. Der Grund dafür lag in einem staatlichen Bebauungsverbot des Gebiets rund um den alten Befestigungsring der mittelalterlichen Stadt, das für jedes neue Gebäude dort eine Sondergenehmigung erforderlich machte und erst im Jahr 1866 aufgehoben wurde. Doch auch danach dauerte es noch rund 15 Jahre, bis der erste „Bauboom" an der Fürther Straße einsetzte. Der Nürnberger Fotograf Ferdinand Schmidt (1840-1909) hat wie kein anderer die Veränderungen seiner Heimatstadt über Jahrzehnte dokumentiert. Mehr als 2000 Glasnegative sind erhalten geblieben, ein wahrer Schatz für alle, die auf den Spuren der alten Noris unterwegs sind.

Seine prägnanten Fotografien belegen eindrucksvoll auch den Wandel des Stadtbildes jenseits der Stadtmauer. Sein Blick auf den Plärrer, vom Spittlertorturm aus festgehalten, in den Jahren 1865 und 1905, verdeutlicht, welchen Sprung die westliche Vorstadt in nur 40 Jahren gemacht hat. Mit großer Genauigkeit hielt er Veränderungen, die ihm persönlich wichtig erschienen fest, auch Bautätigkeiten wie das Verlegen neuer Straßenbahngleise am Plärrer 1899 und natürlich die Platzsituation danach. Schon mit Einführung der Pferde-Straßenbahn 1881 hatte der Platz vor dem Ludwigsbahnhof weiter an Bedeutung gewonnen, 1896 schließlich, mit Inbetriebnahme der elektrifizierten Straßenbahn zwischen Nürnberg-Maxfeld und Fürth, war er zum Knotenpunkt für mittlerweile fünf Linien geworden. Ferdinand Schmidts Interesse am Fortschritt in städtebaulicher, technischer, aber auch künstlerischer Hinsicht, verdanken wir zum Beispiel

U-Bahn-Bau am Plärrer, 1978

auch eine, in ihrer kompositorischen Klarheit auch heute noch beeindruckende Aufnahme des „Kunstbrunnens zur Erinnerung an die erste deutsche Eisenbahn“ (heute schlicht ‚Eisenbahndenkmal‘ genannt) an seinem ursprünglichen Aufstellungsort vor dem Ludwigsbahnhof am Plärrer. Der Grundsteinlegung am 50. Geburtstag der Adler-Jungfernfahrt, dem 7. Dezember 1885, folgte die Ausschreibung eines Kunstwettbewerbs, den der Bildhauer Heinrich Schwabe, seit 1875 Professor für figürliche Plastik an der Nürnberger Kunstgewerbeschule, mit seinem Entwurf für sich entschied. Als Brunnen mit zwei ausladenden Auffangbecken konzipiert, erhebt sich ein hoher Sockel mit Obelisk, auf dem, an zwei gegenüberliegenden Seiten Bronzereliefs zum einen von Beschwerlichkeit und Gefahren des Reisens mit der Postkutsche, zum anderen der Eröffnung der Ludwigs-Eisenbahn als Triumphzug in die neue Zeit, erzählen. Links und rechts des Sockels thronen die beiden Städte-Allegorien Noris und Furthia. Den hochragenden Obelisk krönt ein Genius mit Flügelrad, dem Symbol der Eisenbahn. 1890 feierlich enthüllt und eingeweiht, musste das alsbald zum beliebten Postkartenmotiv avancierte Prunkstück im Jahr 1927 dem erneuten Straßenbahn-Gleisausbau weichen. 1929 wurde das Denkmal etwas ‚stiefmütterlich‘ an die Stadtgrenze zu Fürth verfrachtet, wo es bis zu seinem abermaligen Umzug 1965 verblieb. Hier war es nun dem Bau der neuen Schnellstraße im Wege gewesen, fand aber 1966 erneut Aufstellung ein Stückchen weiter, in einer kleinen Grünanlage nahe der Zufahrt zur Stadtautobahn. 1993 schließlich fand der vierte und hoffentlich letzte Umzug statt, in die Fürther Straße, Höhe Veit-Stoß-Anlage – zwar nicht zurück zum Plärrer, aber immerhin auf die ehemalige Strecke des Adlers!

Drei bemerkenswerte bauliche Veränderungen markieren den Wandel des Nürnberger Plärrers von einst zum innerstädtischen Verkehrsknotenpunkt heute. Mit dem Bau des ‚Plärrer-Automaten‘ Anfang der 1930er Jahre war der alte Platz sozusagen in der Moderne angekommen. Gerade futuristisch muss der lichtdurchflutete Längsbau mit seinem Rondell gewirkt haben, besonders abends, wenn die Leuchtschriften entlang des Flachdachs den Platz beschienen. Erbaut im Stil der klassischen Moderne, nach den Plänen des Architekten Walter

Fürther Straße, Kreuzung Willstraße, nach Westen, 1980er Jahre
Der öffentliche Nahverkehr ist „unter Tage" verschwunden

Brugmann, erfüllte der Plärrer-Automat mehrere Ansprüche in einem: Wartehalle für die Fahrgäste, Automaten-Restaurant, Kiosk und „stummes Postamt" mit Briefmarkenautomat, Briefkasten und mehreren Telefonzellen. Anfangs noch kritisch beäugt, fand das elegante Gebäude schnell die verdiente Akzeptanz, was sich nicht zuletzt darin widerspiegelt, dass man den erheblich beschädigten Bau nach Kriegsende bald wieder aufgebaut hatte.[4] Einen zweiten, nicht weniger modernen Akzent setzten die Städtischen Werke mit der Errichtung des ersten Nürnberger Hochhauses am Plärrer, Ecke Rothenburger Straße/Südl. Fürther Straße, dem u. a. das letzte Nürnberger Relikt der ersten deutschen Eisenbahn, der Ludwigsbahnhof nämlich, weichen musste. Mit 56 Metern Höhe war das 15-stöckige ‚Plärrer-Hochhaus' damals das höchste Gebäude

Bayerns, kaum zu glauben aber wahr! Errichtet 1951-53, wurde der markante Bau des renommierten Nürnberger Architekten Wilhelm Schlegtendal für die noch immer von Kriegsschäden

1981: Die Tage der Straßenbahn sind gezählt, die neue U-Bahn ist schon in Betrieb.

gezeichnete Stadt zum Sinnbild für Wiederaufbau und neue Größe. Last but not least - der Bau der U-Bahn-Strecke Plärrer – Fürther Straße – Fürth. Die kontinuierliche Erweiterung des Nürnberger U-Bahn-Netzes seit dem ersten Spatenstich 1967 erreichte 1978 den Plärrer. (Erst 1977, im Vorfeld der zwei Jahre währenden Großbaustelle wurde der Plärrer-Automat abgerissen, was viele Nürnberger auch heute noch bedauern.)

Der öffentliche Nahverkehr Richtung Fürth auf der einstigen Adlerstrecke verschwand nun in Etappen ‚unter Tage'. Mit dem Erreichen der letzten unterirdischen Station Eberhardshof und ihrer Verbindung mit der Hochbahnstrecke ging im Juni 1981 die 100-jährige Geschichte der Nürnberg-Fürther-Straßenbahn zu Ende.

Mikrokosmos Fürther Straße

Was einst als Pappelallee begann, die man, das Auge schweifend über Wiesen, Felder und Weiler, hoch zu Ross oder im offenen Landauer gar passierte, mauserte sich in gut 200 Jahren zur stark frequentierten, pausenlos pulsierenden Verkehrsader. Beiderseits der breiten Großstadtstraße entstand ein nonkonformistisches Neben-, Durch- und Miteinander, wie es kein zweites in Nürnberg gibt. Ein „Mikrokosmos" der, scheinbar autark, ein eigenes Leben innerhalb des großen Ganzen führt. So gut wie alles existentiell Wesentliche entwickelte sich hier mit einer, rückblickend betrachtet, erstaunlichen Vielfalt und Selbstverständlichkeit.

Schon um die Jahrhundertwende war die Bebauung der Fürther Straße mit weiteren Wohnhäusern und Fabrikanlagen bis jenseits der Kreuzung Maximilianstraße vorangekommen. Kaum einer von denen, die hier tagtäglich die Werkstore passierten, wohnte in einer der vergleichsweise teuren, neuen Mietwohnungen. Die Arbeiterschaft, darunter viele, die aus ländlichen Gegenden zugezogen waren in der Hoffnung auf eine bessere Zukunft in der aufstrebenden Stadt, wohnten unter bescheidenen bis erbärmlichen Bedingungen, überwiegend in den angrenzenden Vierteln. Das Alltagsleben in der Fürther Straße, „ihrer" Straße, bestimmten sie mit, neben und mit den direkten Anwohnern. Allein das breit gefächerte Angebot an Vereinslokalen, Kneipen, Cafés, Wirtshäusern und Restaurants lässt den Schluss zu, dass hier ein sehr vielschichtiges Publikum unterwegs war. So etwa auch die Soldaten aus der Bataillonskaserne, die in Scharen jeden Abend ihre Stammlokale bevölkerten. Der idyllische Rosenau-Park am einen Ende, wie auch das an der Eisenbahn gelegene Ausflugslokal „Feldschlösschen" am anderen Ende der Fürther Straße belegen, dass für jeden Geschmack gesorgt war. Und man flanierte auf den breiten Trottoirs, besah sich die Auslagen der vielen kleinen und größeren Geschäfte und verglich die Angebote der Einzelhändler. Alles was man zum täglichen Leben brauchte, war längst in Hülle und Fülle vorhanden.

Anwälte, Ärzte und Apotheker gingen hier ihrer Arbeit ebenso nach, wie Schneiderinnen, Schreiner oder Fuhrleute. Nur einen Steinwurf vom Plärrer entfernt gelegen, erwartete das große Volksbad seine Badegäste, Lichtspielhäuser wurden eröffnet. Schulen und Kirchen wurden gebaut, Gemeinden entwickelten sich. Der Bau des Justizpalastes schloss nicht nur eine große Baulücke, er hob das Ansehen der gesamten westlichen Vorstadt. Schon lange versorgte Nürnbergs erstes Gaswerk in Plärrernähe auch die Fürther Straße mit Licht, nun kam das erste Klärwerk an der Maximilianstraße dazu, die Kanalisation wurde weiter ausgebaut. Weitere Fabriken siedelten sich an und schließlich zog auch das Volksfest an die Fürther Straße und blieb, unterbrochen nur durch die Kriegsjahre, fester Bestandteil derselben. Erst Anfang der Fünfzigerjahre, als Gustav Schickedanz das Gelände kaufte, war es damit vorbei. Dafür entstand ein gigantisches, hochmodernes Versandzentrum und sorgte für neues Leben an gleicher Stelle: Europas größtes Versandhaus, die „Quelle". Nach einer jahrzehntelang anhaltenden Erfolgsgeschichte, gegründet 1922 als kleiner Fürther Einzelhandel, mit international bis zu 26000 Mitarbeitern in Spitzenzeiten, geriet das Unternehmen Mitte der 1980er Jahre erstmals in Schwierigkeiten. Der Abwärtstrend war trotz Umstrukturierungs- und Sparmaßnahmen nicht aufzuhalten. Auch die Karstadt-Quelle-Fusion 1999, mit der wiederum massive Einsparungen, Stellenkürzungen und die Schließung von Kaufhäusern etc. einhergingen, brachte nicht den gewünschten Erfolg, 2009 schließlich kam die Insolvenz. Für den leerstehenden, denkmalgeschützten 50er-Jahre Baukomplex an der Fürther Straße zeichnet sich erst seit kurzem eine Lösung ab, die dem riesigen Areal auf Dauer abermals neues Leben einhauchen könnte.

Die Fürther Straße hat im Laufe ihrer über 200-jährigen Geschichte vieles erlebt, wachsen und vergehen sehen: den Aufbruch ins industrielle Zeitalter, den Wandel zur Industriemetropole, Aufschwung und Niedergang bedeutender Unternehmen. Die massiven Bombardierungen Nürnbergs im Zweiten Weltkrieg hinterließen auch hier ihre Spuren. 20 % der

Gebäude waren zerstört, nur 10 % blieben heil, der Rest war zum Teil erheblich beschädigt. Knapp 40 % davon wurde wieder aufgebaut. Nach und nach schlossen sich die kriegsbedingten Lücken und veränderten das Straßenbild weiter. Ein nicht immer gelungenes Nebeneinander von Alt und Neu entstand.

Strukturwandel, Migration und Multikultur, seit den 1970er Jahren aktuell und längst prägender Bestandteil der Fürther Straße und ihrer nächsten Umgebung, haben ein lebendiges, spannungs- wie facettenreiches Bild geschaffen. Ein Boulevard ist bekanntlich nicht aus ihr geworden, obwohl sie, wie auf historischen Fotografien der 1920er Jahre erkennbar, durchaus das Zeug dazu hatte. Vielmehr ein multikulturell-urbanes, temporeiches „Fließband“, das auf den ersten, schnellen Blick nicht zum Verweilen einlädt. Ein zweiter Blick schon genügt, und man entdeckt, trotz der vielen alten und jüngeren „Narben“, ihr ganz unverwechselbares, interessantes Gesicht.

1 Pfeiffer, Gerhard: Zur Geschichte der Nürnberg-Fürther Straße, in: „Fränkische Heimat. Beiträge zur fränkischen Heimat- und Volkskunde. Nürnberg 1958, S. 1

2 ebenda, S. 2

3 ebenda, S. 14 ff

4 siehe hierzu auch: Ortner, Peter: „Wahrhaft modern: Leistung mit Leichtheit zu verbinden.“Der Plärrer-Automat. in: Gostenhof. Geschichte eines Stadtteils, Nürnberg 2005, S. 163 ff

Eckdaten zur Fürther Straße

1835 erste deutsche Eisenbahn
1847 Inbetriebnahme des ersten Nürnberger Gaswerks
1850 (um) Gasthof „Alpenhütte“, heute „Kartoffel“, ältestes noch bestehendes Gebäude
1868 erstes Zellengefängnis Bayerns
1872 Neubau des Ludwigsbahnhofs
1880 Gründung des Vorstadtvereins Gostenhof und Kleinweidenmühle
1881 Brauerei Gebrüder Lederer an der Bärenschanzstraße

1882 Schulhaus Fürther Straße
1883 Schulhaus Kernstraße
1886 Bataillonskaserne
1888 Velozipedfabrik Hercules
1889 erste bayer. Schraubenfabrik, die spätere NSF
1892 Schulhaus Sielstraße
1893 Verkauf des exklusiven Rosenauparks an die Stadt, von nun an Erholungspark für die breite Bevölkerung
1895 Neubau Hercules-Werke AG
1897 Triumph Fahrradwerke
1900 (um) Celluloidwarenfabrik Gebrüder Wolff
1901 Schulhaus Preißlerstraße
1903 Einweihung der ev. Dreieinigkeitskirche
1905 (um) Münzprägeanstalt Balmberger
1908 Treibriemenfabrik Stierstorfer & Nägele
1909 Justizpalast
1910 Einweihung der kath. Antoniuskirche
1910 Viktoria-Kinematograph
1912 Schuco (Schreyer & Co)
1913 erste Kläranlage
1914 Volksbad
1918 Lichtspielhaus „Weiße Wand" (ab 1924 „Alhambra")
1925 Nürnberger Volksfest
1928 Fertigstellung der Kanalisation bis zur Stadtgrenze (seit 1877)
1955 Quelle-Versand
1955 AEG
1960 Quelle-Kaufhaus
1966 DATEV
1970 Einweihung der neuen ev. Epiphaniaskirche

Die „Puffing Bill" von William Hedley (1813) blieb fast fünfzig Jahre auf der Wylam-Zeche bei Newcastle upon Tyne im Einsatz.

Karl Marx / Friedrich Engels

Statistische Betrachtungen über das Eisenbahnwesen

Die englischen Eisenbahnen sind ein Menschenalter alt, 30 Jahre. Die Nationalschuld ausgenommen, hat sich kein anderer Zweig des Nationalreichtums so rasch zu so riesigem Umfang entwickelt. Nach einem neulich veröffentlichten Blaubuch betrug bis 1860 das in Eisenbahnen angelegte Kapital 348.130.127 Pfd.St., wovon 190.791.067 Pfd.St. durch gewöhnliche Aktien erhoben waren, 67.873.840 Pfd.St. durch privilegierte Aktien, 7.576.878 Pfd.St. durch Schuldobligationen, 81.888.546 Pfd.St. durch laufende Anleihen. Das Gesamtkapital erreicht ungefähr die Hälfte der Nationalschuld und überwiegt um das Fünffache das jährliche Einkommen von allem liegenden Eigentum in Großbritannien. Diese Parvenuform des Reichtums, die kolossalste Ausgeburt der modernen Industrie, ein merkwürdiger ökonomischer Zwitter, der mit den Füßen in der Erde wurzelt, mit dem Kopf auf der Börse lebt, gab dem aristokratischen Grundbesitz einen gewaltigen Rivalen, der Mittelklasse eine Armee neuer Hilfstruppen.

Im Jahre 1860 umspannten die Eisenschienen 22 000 englische Meilen, wobei Doppellinien und Seitenlinien eingerechnet sind. Im Durchschnitt wären also während der dreißig Jahre 733 Meilen jährlich beschient worden. Solche Durchschnittszahl drückt jedoch in diesem Industriezweig noch ungleich falscher als in allen übrigen den wirklichen Lebensprozeß aus. Einzelne Jahre der Eisenbahnmanie, wie 1844 und 1845, eroberten im Sturmschritt das Hauptterritorium. Die anderen Jahre füllen allmählich aus, verbinden die großen Linien, zweigen ab, erweitern verhältnismäßig langsam. In ihnen sinkt die Eisenbahnproduktion unter das Durchschnittsniveau.

Dem Legen der Schienen gehen enorme Arbeiten voraus. Schon 1854, nach der Angabe von Robert Stephenson, liefen Eisenbahntunnels durch ungefähr 70 Meilen, es existierten 25.000 Eisenbahnbrücken und zahlreiche Viadukte, wovon einer in der Nähe Londons sich über 11 Meilen erstreckte. Die Erdwerke, 70.000 Kubikyard per Meile, würden einen Raum von 550 Millionen Kubikyard füllen. Aufgeworfen in der Form einer Pyramide, betrüge ihr Durchmesser eine halbe Meile (englische), ihre Höhe anderthalb Meilen – ein Erdberg, woneben die St. Paulskirche zum Liliputaner zusammenschrumpft. Seit der Zeit von Robert Stephensons Schätzung wuchs der Umfang der Eisenbahnen aber noch um ein Dritteil.

Der „ewige Weg“, wie die Engländer die Eisenbahn taufen, ist keineswegs unsterblich. Er unterliegt einem steten Stoffwechsel. Das Eisen, das durch Verschleiß, Oxydation und Neufabrikation fortwährend verlorengeht, erheischt immer frischen Ersatz. Man hat berechnet, daß eine Dampfmaschine in ihrer Flucht über 60 Meilen 2,2 Pfund abschleift, jeder leere Wagen 41/2 Unzen, jede Tonne Fracht anderthalb Unzen, und daß Eisenbahnen wie die London-North-Western-Linie ungefähr 20 Jahre vorhalten. Der jährliche Gesamtverschleiß des Eisens wird auf ein halbes Pfund den Yard geschätzt; 24.000 Tonnen Eisen sind zum jährlichen Ersatz für das Gesamtsystem in seiner jetzigen Ausdehnung erheischt und 240.000 Tonnen für die jährliche Umrollung. Aber die Schiene bildet den Knochen und bedarf viel langsamerer Reproduktion als das Holzwerk, das die Schiene stützt. Der hölzerne Apparat des Netzes erheischt eine jährliche Neuzufuhr von 300.000 Bäumen, die einen Raum von 6.000 Acres Land zum Wachstum brauchen.

Wenn vollendet, bedarf die Eisenbahn zu ihrer Exploitation der Lokomotiven, Kohlen, Wasser, Eisenbahnwagen, endlich des Arbeiterpersonals. Die Zahl der Lokomotiven betrug 1860 5.801 oder mehr als eine Lokomotive für je zwei Meilen. Wie die meisten Maschinen in ihrer Kinderzeit, waren die Lokomotiven ursprünglich unansehnlich, ängstlich in ihrer Bewegung, gewissermaßen noch befangen in der Erinnerung an das altmodische Werkzeug, das sie ersetzten, und verhältnismäßig wohlfeil. Die erste englische Lokomotive, vierräderig, kaum 6 Tonnen schwer, von einem Preis von 550 Pfd.St., ist allmählich ersetzt worden durch Dampfmaschinen zum Preis von 3.000 Pfd.St., die 30 Passagierwagen, jeder 51/2 Tonnen schwer, 30

Meilen per Stunde oder 500 Tonnen Ware 20 Meilen per Stunde ziehen. Gleich ihren Vorgängern, den Pferden, haben die einzelnen Lokomotiven Eigennamen und mit den Namen verschiedene Grade der Berühmtheit erlangt.

Der „Liverpool", der nordwestlichen Bahn zugehörig, dunstet 1.140 Pferdekräfte aus, wenn in voller Arbeit. Ein solches Ungeheuer verschlingt für seinen täglichen Konsum eine Tonne Kohlen und 1.000 bis 1.500 Gallonen Wasser. Der Organismus dieser eisernen Rosse ist außerordentlich delikat. Er zählt nicht weniger als 5.416 Glieder, die so sorglich wie die einer Uhr zusammengefügt werden. Ein Eisenbahnzug, der 50 Meilen (englische) per Stunde zurücklegt, besitzt den sechsten Teil der Geschwindigkeit einer Kanonenkugel. Die Durchschnittskosten der Lokomotive zu 2.200 Pfd.St. berechnet, beträgt die Auslage für die 5.801 Lokomotiven über 12.700.000 Pfd.St. In jeder Minute des Jahres verwandeln 4-5 Tonnen Kohlen 20-25 Tonnen Wasser in Dampf. Stephenson bemerkt, daß das so in Dampf verwandelte Wasser eine der Gesamtbevölkerung Liverpools täglich genügende Zufuhrsquelle sein würde. Die Masse des verzehrten Brennstoffs aber erreicht beinahe die Höhe, worauf sich die britische Gesamtausfuhr von Kohlen vor vier Jahren befand, mehr als die Hälfte des Gesamtkonsums Londons.

Den 5.801 Lokomotiven folgen als Troß 15.076 Passagierwagen, 180.574 Wagen für den Güterverkehr, die ein Gesamtkapital von 20 Millionen Pfd.St. vertreten. Ein einziger Zug, gebildet von den sämtlichen Lokomotiven und Wagen, würde die ganze Linie von Brighton nach Aberdeen einnehmen, mehr als 600 Meilen.

Über 7.000 Züge laufen jeden Tag, über sieben Züge jede Minute während der vierundzwanzig Stunden. Während des vergangenen Jahres durchmaßen Passagiere und Güter über 100 Millionen Meilen, mehr als viertausendmal den Umkreis der Erde. Während jeder Sekunde im Jahr waren über 3 Meilen Eisenbahn mit Zügen bedeckt. Zwölf Millionen Rindvieh, Schafe und Schweine machten Eisenbahnfahrten, 90 Millionen Tonnen Waren und Mineralien wurden befördert. Die Mineralien betrugen doppelt die Quantität der übrigen Waren.

Die Gesamtroheinnahme zählte 28 Millionen Pfd.St. Die Produktionskosten, abgesehen vom Verschleiß der Eisenbahn selbst, beliefen sich für die Midland Compagnie auf 41 Prozent der Einnahme, für die Yorkshire- und Lancashirebahn auf 42 Prozent, für die Westmidland-Linie auf 46 Prozent und für die Great-Northern-Linie auf 55 bis 56 Prozent, die Durchschnittsausgabe für sämtliche Linien auf 13.187.368 Pfd.St. oder 47 Prozent der Einnahme. Die London- und North-Western-Bahn nimmt der Dimension nach den ersten Rang ein. Ursprünglich beschränkt auf die London- und Birmingham-Linie, die Grand Junction, die Manchester- und Liverpool-Bahn, erstreckt sie sich jetzt mit ihren Zweiglinien von London nach Carlisle und von Peterborough nach Leeds im Osten, nach Holyhead im Westen. Ihre Direktion beherrscht mehr als tausend Eisenbahnmeilen und steht an der Spitze einer industriellen Armee von ungefähr 20.000 Mann. Ihre Konstruktion kostete über 36 Millionen Pfd.St. Stündlich während des Tags und der Nacht zählt sie ein Roheinkommen von 500 Pfd.St., wöchentliche Prozeßkosten von 1.000 Pfd.St. Der Nettoertrag dieser Eisenbahn, sowie der meisten anderen, fiel im Verhältnis, wie ihr Umfang wuchs und sie sich über minder bevölkerte und industrielle Distrikte ausdehnte. Ihre Aktien, zu 100 Pfd.St. ausgegeben, sanken allmählich von 240 Pfd.St. auf 92 bis 93 und die Dividenden von 10 Prozent auf 33/4 Prozent. Gleichzeitig mit dem kolossalen Betriebsumfang dieser wie anderer Eisenbahnen verminderte sich die Kontrolle der Aktionäre, usurpierte die Direktion größere Machtfülle und folgte auf dem Fuß Mißverwaltung.

Geschrieben Mitte Januar 1862. „Die Presse" Nr. 22 vom 23.1.1862; Aus: Karl Marx/Friedrich Engels – Werke. Bd. 15, 4. Auflage. Berlin 1972, S. 447-450

Karl Marx / Friedrich Engels

Die Eisenbahn – das begehrliche Objekt der Spekulation
Ein Bericht von Karl Marx/Friedrich Engels

Anmerkung des Herausgebers: Karl Marx und Friedrich Engels beschreiben hier sehr anschaulich und mit genauen Kenntnissen der wirtschaftlichen Entwicklung die Spekulation mit Eisenbahnaktien, und, bedingt durch „Kartoffelkrankheit" und Korn-Missernten, die Lebensmittelspekulation, die schließlich zum Zusammenbruch und einer erneuten großen Wirtschaftskrise führt. In: „Neue Rheinische Zeitung. Politisch-ökonomische Revue", Fünftes und Sechstes Heft, Mai bis Oktober 1850.

Die politischen Agitationen der letzten sechs Monate unterscheiden sich wesentlich von den unmittelbar vorhergehenden. Die revolutionäre Partei ist überall vom Schauplatz zurückgedrängt, die Sieger streiten sich um die Früchte des Sieges. // *In Deutschland die Niederlage der Demokratischen Revolution von 1848; J.F.//* So in Frankreich die verschiedenen Fraktionen der Bourgeoisie, in Deutschland die verschiedenen Fürsten. Der Streit wird mit großem Geräusch geführt, der offene Bruch, die Entscheidung durch die Waffen scheint unvermeidlich; unvermeidlich aber ist, daß die Waffen in der Scheide ruhen bleiben, daß die Entscheidungslosigkeit sich stets von neuem hinter Friedensverträgen verbirgt, um sich von neuem auf den Scheinkrieg vorzubereiten.

Betrachten wir zuerst die *reale* Grundlage, auf der diese oberflächlichen Wallungen spielen.

Die Jahre 1843-1845 waren Jahre der industriellen und kommerziellen Prosperität, notwendige Folgen der fast ununterbrochenen Depression der Industrie der Epoche 1837-42. Wie immer, entwickelte die Prosperität sehr rasch die Spekulation. Die Spekulation tritt regelmäßig ein in den Perioden, wo die Überproduktion schon in vollem Gange ist. Sie liefert der Überproduktion ihre momentanen Abzugskanäle, während sie eben dadurch das Hereinbrechen der Krise beschleunigt und

Verschiedene Eisenbahnaktien

ihre Wucht vermehrt. Die Krise selbst bricht zuerst aus auf dem Gebiet der Spekulation und bemächtigt sich erst später der Produktion. Nicht die Überproduktion, sondern die Überspekulation, die selbst nur ein Symptom der Überproduktion ist, erscheint daher der oberflächlichen Betrachtung als Ursache der Krise. Die spätere Zerrüttung der Produktion erscheint nicht als notwendiges Resultat ihrer eignen vorhergegangenen Exuberanz, sondern als bloßer Rückschlag der zusammenbrechenden Spekulation. Da wir jedoch in diesem Augenblick keine vollständige Geschichte der Krise [nach] 1843-45 geben können, so stellen wir nur die bedeutendsten eben dieser *Symptome* der Überproduktion zusammen.

Die Spekulation der Prosperitätsjahre 1843-1845 warf sich hauptsächlich auf Eisenbahnen, wo sie ein wirkliches Bedürfnis zu ihrer Grundlage hatte, auf Getreide, infolge der Teuerung von 1845 und der Kartoffelkrankheit *//die Braunfäule der Kartoffel, die kurz nach der Ernte auftrat, vernichtete zwei Jahresernten und führte, zusammen mit den Kornmissernten von 1845-46 zu großer Hungersnot//* ....

Die Ausdehnung des englischen Eisenbahnsystems begann schon 1844, entwickelte sich aber vollständig erst 1845. In diesem Jahr allein betrug die Zahl der registrierten Bills zur Errichtung von Eisenbahngesellschaften 1.035. Im Februar 1846, nachdem schon eine Unzahl von diesen registrierten Projekten wieder aufgegeben war, beliefen sich die bei der Regierung für die beibehaltenen Projekte zu deponierenden Gelder immer noch auf die enorme Summe von £ 14.000.000, und noch im Jahr 1847 betrug die Gesamtsumme der in England eingeforderten Einzahlungen über £ 42.000.000, wovon über 36 Mill. für englische, später 5^1/2 Mill. für auswärtige Eisenbahnen. Die Blütezeit dieser Spekulation fiel in den Sommer und Herbst 1845. Die Preise der Aktien stiegen fortwährend, und die Gewinne der Spekulanten rissen bald alle Klassen der Bevölkerung in den Strudel hinein. Herzöge und Grafen wetteiferten mit Kaufleuten und Fabrikanten um die einträgliche Ehre, in den Direktionen der verschiednen Linien zu sitzen; die Mitglieder des Unterhauses, das Barreau, die Geistlichkeit waren zahlreich in diesen Behörden vertreten. *Wer einen Pfennig gespart, wer über einen Funken Kredit zu verfügen hatte, spekulierte in Eisenbahnaktien.* Die Zahl der Eisenbahnzeitungen stieg von 3 auf mehr als 20. Einzelne große Tagesblätter verdienten an Eisenbahnannoncen und Prospekten oft £ 14.000 in einer Woche. Die Ingenieure waren nicht in hinreichender Zahl aufzutreiben und wurden enorm bezahlt. Drucker, Lithographen, Buchbinder, Papierhändler etc. etc., die zur Anfertigung von Prospekten, Plänen, Karten etc. etc. in Bewegung gesetzt wurden, Möbelfabrikanten, die die ... aufschießenden Büros der zahllosen neuen Direktionen, provisorischen Komitees usf. möblierten, erhielten splendide Preise bezahlt. Auf der Grundlage der wirklichen Ausdehnung des englischen und kontinentalen Eisenbahnsystems und der damit verknüpften Spekulation erhob sich während dieser Periode allmählich ein Überbau von Schwindel, der an die Zeiten von Law und der Südseegesellschaft erinnert. Hunderte von Linien wurden projektiert ohne die geringste Chance auf Erfolg, wo die Projektoren selbst nie an wirkliche Ausführung dachten, wo es sich überhaupt nur um das Aufzehren der Deposita durch die Direktoren und um die Schwindelprofite auf den Verkauf der Aktien handelte.

Im Oktober 1845 trat die Reaktion ein, die sich bald zu einem vollständigen panic steigerte. Schon vor dem Februar 1846, wo die Depositengelder an die Regierung gezahlt werden mußten, hatten die unhaltbarsten Projekte Bankerott gemacht. Im April 1846 hatte der Rückschlag schon die kontinentalen Aktienmärkte erreicht. In Paris, Hamburg, Frankfurt, Amsterdam fanden Zwangsverkäufe zu sehr gesunkenen Preisen statt, die die Bankerotte von Bankiers und Mäklern nach sich zogen. Die Eisenbahnkrisis zog sich hin bis in den Herbst 1848, verlängert durch die sukzessiven Bankerotte auch der weniger unsoliden Projekte, wie sie nach und nach von dem allgemeinen Druck erreicht und wie die Einzahlungen eingefordert wurden, und verschärft durch das Eintreten der Krise auch auf den andern Gebieten der Spekulation, des Handels und der Industrie, die die Preise der älteren und solideren Aktien allmählich herabdrückte, bis diese im Oktober 1848 ihr niedrigstes Niveau erreichten.

Im August 1845 wurde die öffentliche Aufmerksamkeit zuerst auf die Kartoffelkrankheit gelenkt, die nicht nur in England und Irland, sondern auch auf dem Kontinent sich zeigte – das erste Symptom, daß die Wurzel der bestehenden Gesellschaft faul war. Gleichzeitig trafen Berichte ein, die über den schon erwarteten großen Ausfall auch in der Kornernte keinen Zweifel mehr ließen. Die Kornpreise stiegen infolge dieser beiden Umstände auf allen europäischen Märkten bedeutend; in Irland vollständige Hungersnot, die die englische Regierung zu einer Anleihe von 8 Mill. Pfd.St. für diese Provinz nötigte – genau ein Pfd.St. für jeden Irländer. In Frankreich, wo die Kalamität noch erhöht wurde durch die Überschwemmungen, die an 4 Mill. Pfd.St. Schaden anrichteten, war der Mißwachs ungemein bedeutend. Nicht minder in Holland und Belgien. Der Mißernte des Jahres 1845 entsprach eine noch schlechtere im Jahr 1846, und auch die Kartoffelkrankheit erschien wieder, wenn auch in engerem Maß. So war der Getreidespekulation eine vollständige reale Grundlage gegeben, und sie entwickelte sich um so gewaltsamer, je mehr die fruchtbaren Ernten von 1842-44 sie für lange fast ganz niedergehalten hatten. In den Jahren 1845-47 fand in England eine größere Getreideeinfuhr statt als jemals vorher. Die Kornpreise stiegen fortwährend bis in den Frühling 1847, wo infolge der wechselnden Nachrichten über die neue Ernte aus den verschiednen Ländern, infolge der von verschiednen Regierungen ergriffnen Maßregeln (Eröffnung der Häfen zur freien Korneinfuhr etc. etc.) eine Periode der Fluktuation eintrat und endlich im Mai 1847 die Preise ihren Höhepunkt erreichten. In diesem Monat stieg der Durchschnittspreis des Quarters Weizen in England bis 102,5 Schill. und an einzelnen Tagen bis auf 115 und 124 Schill. Aber bald liefen entschieden günstige Berichte ein über das Wetter und die wachsende Ernte: die Preise fielen, und Mitte Juli stand der Durchschnittspreis nur noch auf 74 Schill. Ungünstigeres Wetter in verschiednen Gegenden trieb die Preise wieder etwas in die Höhe, bis endlich gegen Mitte August feststand, daß die Ernte von 1847 über den Durchschnittsertrag hinaus liefre. Das Fallen war jetzt nicht mehr aufzuhalten; die Zufuhren nach England vermehrten sich über alle Erwartung, und schon am 18. September war der Durchschnittspreis auf 49,5 Schill. reduziert. In sechzehn Wochen hatten also die Durchschnittspreise um nicht weniger als 53 Schill. variiert.

Während dieser ganzen Zeit hatte nicht nur die Eisenbahnkrisis fortgedauert, sondern gerade in dem Moment, wo die Kornpreise am höchsten standen, im April und Mai 1847, trat die vollständigste Zerrüttung des Kreditsystems und das vollständigste Derangement auf dem Geldmarkt hinzu. Die Kornspekulanten hielten trotzdem den Fall der Preise aus bis zum 2. August. An diesem Tage erhöhte die Bank die niedrigste Rate ihres Diskontos auf 5 p.c. und für alle Wechsel auf mehr als 2 Monate auf 6 p.c. Sogleich folgte eine Reihe der glänzendsten Fallimente auf der Kornbörse, an ihrer Spitze das des Herrn Robinson, des Gouverneurs der Bank von England. In London allein fallierten acht große Kornhäuser, deren Passiva zusammen mehr als 1,5 Mill. Pfd.St. ausmachten. Die Provinzialkornmärkte waren gänzlich paralysiert; die Bankerotte folgten sich hier, namentlich in Liverpool, mit gleicher Schnelligkeit. Die entsprechenden Fallimente auf dem Kontinent traten hier, je nach der Entfernung von London, früher oder später ein. Mit dem 18. September, dem Datum der niedrigsten Kornpreise, ist die Kornkrise in England jedoch als abgeschlossen zu betrachten.

Wir kommen jetzt auf die eigentliche kommerzielle, auf die Geldkrise. In den ersten vier Monaten von 1847 erschien der allgemeine Stand des Handels und der Industrie noch befriedigend, mit Ausnahme jedoch der Eisenproduktion und der Baumwollenindustrie. Die Eisenproduktion, mit dem Eisenbahnschwindel von 1845 auf eine enorme Höhe getrieben, litt natürlich in demselben Maße als für das Übermaß des gelieferten Eisens das Debouché *//Absatzmarkt//* sich verminderte. .....

Karl Marx

Fixes Kapital und zirkulierendes Kapital

In derselben Kapitalanlage haben die einzelnen Elemente des fixen Kapitals eine verschiedne Lebenszeit, daher auch verschiedne Umschlagszeiten. In einer Eisenbahn z.B. haben Schienen, Schwellen, Erdarbeiten, Bahnhofsgebäude, Brücken, Tunnels, Lokomotiven und Wagen verschiedne Funktionsdauer und Reproduktionszeit, also auch das in ihnen vorgeschoßne Kapital verschiedne Umschlagszeiten. Während einer langen Reihe von Jahren bedürfen die Gebäude, die Perrons, Wasserbehälter, Viadukte, Tunnels, Bodeneinschnitte und Dämme, kurz, alles was im englischen Eisenbahnwesen als works of art bezeichnet wird, keiner Erneuerung. Die hauptsächlichsten Gegenstände des Verschleißes sind der Schienenweg und das Transportmaterial (rolling stock).

Ursprünglich, bei der Errichtung der modernen Eisenbahnen, war es vorherrschende Meinung, genährt durch die ausgezeichnetsten praktischen Ingenieure, daß die Dauer einer Eisenbahn sekulär wäre und der Verschleiß der Schienen so durchaus unmerklich, daß er für alle finanziellen und praktischen Zwecke außer acht zu lassen sei; 100 - 150 Jahre wurden als Lebenszeit guter Schienen betrachtet. Es stellte sich aber bald heraus, daß die Lebensdauer einer Schiene, die natürlich von der Geschwindigkeit der Lokomotiven, dem Gewicht und der Anzahl der Züge, der Dicke der Schienen selbst und einer Masse an-drer Nebenumstände abhängt, im Durchschnitt 20 Jahre nicht überschritt. In einzelnen Bahnhöfen, Zentren großes Verkehrs, verschleißen die Schienen sogar jedes Jahr. Gegen 1867 fing man an, Stahlschienen einzuführen, die ungefähr doppelt soviel kosteten wie Eisenschienen, dafür aber mehr als doppelt so lange dauern. Die Lebensdauer der Holzschwellen währte 12 bis 15 Jahre. Bei dem Betriebsmaterial stellte sich ein bedeutend größrer Verschleiß heraus für Güterwagen als für Passagierwagen. Die Lebensdauer einer Lokomotive wurde 1867 auf 10 bis 12 Jahre berechnet.

Der Verschleiß wird bewirkt erstlich durch den Gebrauch selbst. Im allgemeinen verschleißen die Schienen im Verhältnis zur Anzahl der Züge (R.C., Nr. 17645): Bei vermehrter Geschwindigkeit wuchs der Verschleiß in einem höhern Verhältnis als dem des Quadrats der Geschwindigkeit: d.h. bei verdoppelter Geschwindigkeit der Züge stieg der Verschleiß um mehr als das Vierfache. (R.C., Nr. 17046.)

Ein fernerer Verschleiß tritt ein durch die Einwirkung von Naturkräften. So leiden Schwellen nicht nur durch wirklichen Verschleiß, sondern auch durch Fäulnis. „Die Unterhaltungskosten der Bahn hängen nicht so sehr ab von dem Verschleiß, den der Bahnverkehr mit sich führt, wie von der Qualität des Holzes, des Eisens und des Mauerwerks, die der Atmosphäre ausgesetzt sind. Ein einziger strenger Wintermonat wird dem Bahnkörper mehr Schaden tun als ein ganzes Jahr Bahnverkehr." (R. P. Williams, "On the Maintenance of Permanent Way. Vortrag im Institute of Civil Engineers", Herbst 1867.)

Endlich, wie überall in der großen Industrie, spielt auch hier der moralische Verschleiß seine Rolle: Nach Verlauf von zehn Jahren kann man gewöhnlich dasselbe Quantum Waggons und Lokomotiven für 30.000 Pfd.St. kaufen, das vorher 40.000 Pfd.St. kostete. Man muß so auf dies Material eine Depretiation von 25% des Marktpreises rechnen, selbst wenn keine Depretiation des Gebrauchswerts stattfindet. (Lardner, „Railway Economy", [p.120].)

„Röhren-Brücken werden in ihrer gegenwärtigen Form nicht erneuert werden." (Weil man jetzt bessere Formen für solche Brücken hat.) „Gewöhnliche Reparaturen daran, Wegnahme und Ersatz einzelner Stücke sind nicht tunlich." (W. B. Adams, „Roads and Rails", London 1862, [p. 136].) Die Arbeitsmittel werden großenteils beständig umgewälzt durch den Fortschritt der Industrie. Sie werden daher nicht in ihrer ursprünglichen Form ersetzt, sondern in der umgewälzten Form. Einerseits bildet die Masse des fixen Kapitals, die in einer bestimmten Naturalform angelegt ist und innerhalb derselben eine bestimmte Durchschnittslebenszeit auszudauern hat, einen Grund der nur allmählichen Einführung neuer Maschinen etc., und daher ein

Hindernis gegen die rasche allgemeine Einführung der verbesserten Arbeitsmittel. Andrerseits zwingt der Konkurrenzkampf, namentlich bei entscheidenden Umwälzungen, die alten Arbeitsmittel vor ihrem natürlichen Lebensende durch die neuen zu ersetzen. Es sind hauptsächlich Katastrophen, Krisen, die solche vorzeitige Erneuerung des Betriebsgeräts auf größrer gesellschaftlicher Stufenleiter erzwingen.

Der Verschleiß (abgesehn vom moralischen) ist der Wertteil, den das fixe Kapital allmählich durch seine Vernutzung an das Produkt abgibt, in dem Durchschnittsmaß, worin es seinen Gebrauchswert verliert.

Zum Teil ist diese Abnutzung so, daß das fixe Kapital eine gewisse durchschnittliche Lebenszeit besitzt; für diese wird es ganz vorgeschossen; nach Ablauf derselben muß es ganz ersetzt werden. Für die lebendigen Arbeitsmittel, z.B. Pferde, ist die Reproduktionszeit durch die Natur selbst vorgeschrieben. Ihre durchschnittliche Lebenszeit als Arbeitsmittel ist durch Naturgesetze bestimmt. Sobald dieser Termin abgelaufen, müssen die abgenutzten Exemplare durch neue ersetzt werden. Ein Pferd kann nicht stückweis, sondern nur durch ein andres Pferd ersetzt werden.

Andre Elemente des fixen Kapitals lassen periodische oder teilweise Erneuerung zu. Hier ist der teilweise oder periodische Ersatz zu unterscheiden von allmählicher Ausdehnung des Geschäftsbetriebs.

Aus: Karl Marx / Friedrich Engels - Werke Bd. 24: Das Kapital, Bd. II, 2. Abschnitt, S. 170 f., Berlien 1963

Johann Wolfgang von Goethe im Jahr 1823, Lithographie von H. Grévédon

Goethe über „Dichtung und Wahrheit". (Gespräch mit Johann Peter Eckermann)

In Weimar wurden in einem Dachspeicher 2016 Blätter von Johann Peter Eckermann entdeckt, deren Inhalt er nicht in sein Buch „Gespräche mit Goethe in den letzten Jahren seines Lebens (1836-1848)" aufgenommen hatte. Darunter war folgende Aufzeichnung (undatiert; im Original wegen verwischter Tinte teilweise schwer leserlich):

„Nach einem üppigen Mahl und längerem Mittagsschlaf – bis 4 Uhr – sprach Goethe mit mir über Dichtung und Wahrheit. Er sagte, daß er in seinem gleichnamigen Werk am eigenen Leben habe aufzeigen wollen, dass die Grenze zwischen beiden Bereichen fließend sei. Erfundenes könne sogar wirkungsmächtiger als Reales sein. Schon Marco Polo habe bei seinem Reisebericht über die Mongolei mehr erfunden als erlebt. Er, Goethe, werde nochmals in einem unserer nächsten Gespräche auf das Thema zurückkommen; das war eine Ankündigung, die mich mit gespannter Erwartung erfüllte. An seiner Stimme merkte ich, dass ihn das Thema sehr bewegte. Dann schenkte er sich eine weitere Tasse Tee ein, den er – wie gewohnt – mit Zucker stark süßte, und wandte sich den Briefen zu, die an diesem Tag eingegangen waren."

Abfahrt des ersten Zuges der Ludwigs-Eisenbahn von Nürnberg nach Fürth mit dem Lokomotivführer Wilson und seinem Heizer. Ausschnitt nach einem Wandgemälde von Heinrich Heim – Stiftung der Stadt Nürnberg für das Deutsche Museum München.

Hermann Glaser

Marx meets Wilson. Eine historische Fantasie

Über die Verbindung von Karl Marx und William Wilson, dem Ingenieur der Firma George Stephenson & Co in Newcastle/England, der den Bau der Lokomotive – die Nürnberger hatten sie in der englischen Firma bestellt – für die erste deutsche Eisenbahnstrecke Nürnberg-Fürth organisierte und dann ihren Transport in die fränkische Metropole begleitete, war bislang wenig bekannt. (In Nürnberg war Wilson dann Leiter des Eisenbahnwesens und Lokomotivführer.) Über die Begegnung gibt es kaum Belege und diese sind zudem umstritten. Ein zeitgenössischer Kritiker sprach von „fakes" statt „facts".

Folgendes lässt sich vermuten und berichten, wobei der Ursprung der Recherchen die Dissertation der Bonner Studentin Karin Bauer ist (Bonn 1907), in der sie die Kontakte, die Karl Marx bei seinen Studien in England hatte, auflistete und beschrieb. Ihr Doktorvater war der Althistoriker Moses Hirschfeld, der als Jude und Mitglied der Sozialdemokratischen Partei viele Anfeindungen erlitt, aber auch mit seinen Arbeiten über die römische Antike hohes wissenschaftliches Ansehen genoss. Da er Karl Marx sehr schätzte, ermutigte er seine begabte Studentin zu ihrer Arbeit, wobei freilich sie als auch er keine besonderen Kenntnisse über die Eisenbahngeschichte hatten. Das war auch der Grund, dass Karin Bauer, als sie über die Verbindung von Marx zu Wilson schrieb, dessen Person falsch identifizierte. Sie bezeichnete ihn als Politiker, der in der Tat auch im „Kapital" genannt wird – eine falsche Fährte, weshalb dann die folgenschwere Verbindung von Marx mit dem englischen Ingenieur und Nürnberger Lokomotivführer keine besondere Würdigung bzw. Beachtung fand. Karin Bauer berichtete, dass Wilson den deutschen Ökonomen in einem Pub nahe dem Piccadilly Circus kennengelernt habe; unweit davon lag das Hotel, in dem Wilson logierte, wenn er in London im Auftrag seiner Firma zu tun hatte.

Die Dissertation hatte übrigens ein kurioses Nachspiel in Form eines Pamphlets (29 Druckseiten), das ein Jahr später unter dem Titel „Die Lügen der Karin Bauer“ erschien. (Der Verfasser nannte sich NK.). Er zeigte, meist sehr stichhaltig, auf, dass die Autorin sehr „freizügig“ mit ihren Quellen umgegangen sei, ja diese vielfach erfunden hatte. Das Pamphlet kann hier nicht im Detail referiert werden, da die wenigen Exemplare, die im Kölner Stadtarchiv aufbewahrt wurden, beim Einsturz des Gebäudes vor einigen Jahren (Unterminierung durch U-Bahn-Bau) verloren gingen. Es wurde jedoch ausführlich in der Tagespresse zitiert, was die Vermutung nahe legt, dass der Verfasser ein Zeitungsjournalist gewesen sei (vielleicht ein verschmähter Liebhaber der Studentin oder aber ein Mitstudent, der am gleichen Thema arbeitete und nun seinen Frust über die Konkurrentin „abreagierte“).

Dann kam eine weitere Kuriosität ins Spiel. Als das Team, das die Nürnberger Ausstellung zum Jubiläumsjahr „150 Jahre erste deutsche Eisenbahn“ 1985 vorbereitete, die Urkunden sichtete, fand es ein Bündel Briefe auf Englisch, die offensichtlich von Karl Marx und William Wilson stammte. Den Briefen war ein Bericht des Stadtarchivrats Theodor Mürr aus dem Jahr 1928 beigefügt, in dem er über den Ursprung des Konvoluts berichtete. Der Oberlehrer Johann Oechslein von der Uhlandschule hatte die Übergabe veranlasst. Dieser habe in der Heimatkunde die Geschichte der ersten deutschen Eisenbahn behandelt. Ein Schüler meldete sich: Zuhause hätte seine verstorbene Großmutter in einer Dose, die auf der Vitrine stand, Papiere (eben diese Briefe) aufbewahrt, die von ihrer Freundin und deren Lebensgefährten, dem Nürnberger Lokomotivführer, stammten. (Vor der Dose habe deshalb eine Holzlokomotive gestanden, mit der die Kinder aber nicht spielen durften.) Oberlehrer Oechslein nahm Kontakt mit den Eltern des Schülers auf, die bereit waren, die Briefe dem Nürnberger Stadtarchiv als Leihgabe zu übergeben. Wie der Briefwechsel zwischen Wilson in Nürnberg und Marx in England in den Besitz von Wilsons Lebensgefährtin und dann in die Hände von deren Freundin gekommen war, lässt sich nicht mehr rekonstruieren.

Der gesamte Briefwechsel – etwa dreißig Briefe – soll demnächst veröffentlicht werden. Kritiker meinen, es könnte sich um Fälschungen handeln. Man will die Texte erst noch genau prüfen; wir halten sie für authentisch.

Zwei Briefe werden – in Übersetzung von Hermann Glaser – diesem Bericht angefügt.

William Wilson berichtet darin Karl Marx in England, wie er das Leben in Nürnberg erfahren habe; und Marx widmet sich in einem Antwortschreiben mehr wissenschafts-ökonomischen Fragen.

Auszug aus einem Brief von William Wilson an Karl Marx, undatiert.

Lieber Karl (Charles)

… nun bin ich schon einige Monate in Nürnberg, einer schönen mittelalterlichen Stadt, in der die Bürger auch aufgeschlossen technischen Neuerungen gegenüberstehen – wie die erste deutsche Eisenbahn, die ins benachbarte Fürth fährt, beweist.

Ich habe viel zu tun, denn man hat mir alle Aufgaben, die mit der Eisenbahn zu tun haben, übertragen. Dazu gehört auch die Ausbildung von Lokomotivführern. Im Augenblick bin ich noch der einzige Lokomotivführer (habe aber genügend Hilfskräfte). Die Strecke funktioniert; immer finden sich Zuschauer ein, wenn wir mit „Windeseile" übers Land rasen. Ein dänischer Dichter mit dem Namen Christian Andersen hat mir nach einem Nürnberg-Besuch und einer Zugfahrt sehr schön geschrieben. (Den Text will er in einem Reisebericht oder sonstwie in einem Buch publizieren).

„Oh, welche Großtat ist doch diese Erfindung! Man fühlt sich so mächtig wie ein Zauberer der alten Zeit! Wir spannen unser magisches Pferd vor den Wagen, und der Raum entschwindet; wir fliegen wie die Wolken im

Sturm, tun es den Zugvögeln nach! Unser wildes Pferd schnaubt und prustet, aus seinen Nüstern quillt der schwarze Rauch. Schneller konnte Mephistoles nicht mit Faust auf seinem Mantel fliegen! Durch natürliche Mittel sind wir in unserer Zeit ebenso mächtig, wie man im Mittelalter es nur vom Teufel glaubte, unser Scharfsinn hat ihn eingeholt, und ehe er sich's noch versieht, sind wir an ihm vorbei." *

Unfälle haben sich erfreulicherweise nicht ereignet; die Menschen, die mit uns fahren, bekreuzigen sich oft, wenn sie einsteigen. Nur manchmal gibt es Pannen, die ich dann mit einem Blumenstrauß beheben lasse. Damit Du das verstehst: Ein Erlebnis vor zwei Wochen. Da besuchte uns die Ehefrau eines sehr angesehenen Patriziers. (Das ist die Führungsschicht der Stadt.) Sie kam mit Gefolge, wobei das Personal drei „Fresskörbe" mitbrachte (aber die Fahrt ist ja kurz!). Die Dame trug einen großen Hut, den bei der Fahrt abzunehmen, ich ihr anriet. Aber das wollte sie nicht. Auch unsere Damen würden bei Pferderennen ihre „Bedeckung" nicht abnehmen. Eitelkeit in beiden Ländern. Der Fahrtwind wehte natürlich schon nach kurzer Zeit den Hut ins Feld, wo er ramponiert von uns eingesammelt wurde. Einige Tage später besuchte ich sie mit einem großen Blumenstrauß; das versöhnte sie. Die Dame wollte nicht in der 1. Klasse reisen, da ist man vor Wind und Rauch geschützt.

Was die Lebensgewohnheiten und Esssitten betrifft, so muss ich natürlich viel dazulernen. Die Speisen sind hier deftig und üppig. Das Bier und der Wein sehr gut und preiswert. Die Nürnberger essen gern „Wurst" (da sagen sie „Wurscht"); bevorzugt eine „Stadtwurscht" oder kleine „Würstchen", die sie „Bratwürschte" nennen und auf offenem Herd braten. Da gibt es auch gemütliche Lokale!

Mit der Sprache tat ich mir am Anfang sehr schwer, obwohl ich doch eigentlich glaubte, ganz gut deutsch zu sprechen. Aber in Nürnberg spricht man nicht Hochdeutsch, sondern Dialekt. Da war ich zunächst sehr irritiert, zumal ich nicht das häufig verwendete „a weng“ verstand. So sagen sie zum Beispiel: „Heit is es a weng heiß.“ [„Heute ist es ein wenig heiß.“] Und in der Tat: Im Sommer ist es hier sehr warm!

Das Wichtigste zu Ende dieses Briefes: Ich habe eine sehr liebe Frau kennengelernt. Wenn Du mich besuchst, wird sie auch trefflich kochen. Am Sonntag zum Beispiel ein Riesensteak, das noch an einem Knochen hängt; sie nennen es „Schäufele“; dazu „Kloß“ aus Kartoffeln. Es wird Dir gut gehen – in Nürnberg.

Herzlich Dein William

Karl Marx an William Wilson – etwa zwei Monate später:

Lieber William,

über Deinen Lebens- und Arbeitsbericht habe ich mich sehr gefreut. Bei mir geht es karger zu. England ist kein Schlaraffenland. Meine Forschungen zum Kapitalismus nehmen mich sehr in Anspruch. Da wäre natürlich ein Gedankenaustausch mit Dir, dem industriellen Praktiker, sehr sinnvoll und hilfreich.

Was das Eisenbahnwesen betrifft, so plane ich die Veröffentlichung eines kleinen Aufsatzes.

Unser Briefwechsel kann den ergiebigen Diskurs nicht ersetzen, den wir in unserem Londoner Pub hatten. Und weil Du jetzt eine liebe Frau kennengelernt hast, wird es Dich nicht nach England zurückziehen. Und mich hält die Arbeitsaufgabe fest.

Aus der Ferne herzliche Grüße Karl Marx

* Andersen, Hans Christian: Eines Dichters Basar. Weimar o. J., S. 25

Als Karl Marx vom Tod seines Freundes William Wilson erfuhr, wollte er zu dessen Beerdigung nach Nürnberg reisen. Warum es dann nicht dazu kam, ist bislang ungeklärt. Er hatte die Absicht, am Grab zu sprechen und machte sich dafür Notizen. Diese Aufzeichnungen sind kürzlich wieder entdeckt worden und werden hier erstmals veröffentlicht; die Prüfung ihrer Echtheit ist noch nicht abgeschlossen.

„Ich habe einen langjährigen Freud verloren. An seinem Grab trauere ich nun um ihn, den für das Eisenbahnwesen so herausragenden Ingenieur, der die kapitalistische Usurpation dieses wichtigen Mediums verhinderte und den Prinzipien sozialer Gesellschaftspolitik treu blieb – nämlich auch dem Grundsatz, dass die Expropriateure zu expropriieren sind. Wen er auf seiner Lokomotive fuhr, wollte er nicht nur Furth [Schreibfehler von Marx?] erreichen, sondern auch in eine Zukunft fahren, die eine bessere soziale Gerechtigkeit verhieß. Er glaubte an die Vision des Sozialismus." Weitere Aufzeichnungen sind unleserlich.

Marx schickte die Notizen einem Bekannten namens Arthur King, der in einer Nürnberger Firma arbeitete, mit der Bitte, sie der Stadtregierung zu übermitteln. Diese wusste offensichtlich mit dem Absender nichts anzufangen und gab sie ins Stadtarchiv, wo sie ein Mitarbeiter verstaubt fand.

Der „Fränkische Kurier" schrieb übrigens in seiner Ausgabe vom 25. April 1862, in der über Wilsons Beerdigung berichtet wurde, dass der bekannte Ökonom Karl Marx hätte kommen wollen; er sei dann aber verhindert gewesen.

Karl Marx

Brief an Friedrich Engels vom 19.8.1876

Ob Karl Marx bei einem späteren Nürnberg-Besuch das Grab von Wilson oder die Lebensgefährtin seines Freundes besucht hat, ist nicht bekannt. Ein Brief von Marx an Friedrich Engels vom 19.8.1876 gibt darüber keinen Aufschluss. Das Schreiben (zitiert nach den „Nürnberger Nachrichten" vom 16.3.2018) ist den Facts dieses Buches zuzuordnen.

Germania, Karlsbad

Lieber Fred,

... Zunächst unser Reiseabenteuer. Meinem Plan gemäß blieben wir über Nacht in Köln – reisten von da morgens 6 Uhr ab mit Nürnberg als nächsten Rastplatz. Ungefähr 5 Uhr nachmittags kamen wir in Nürnberg an, von wo wir erst den folgenden Abend (es war der 14. und wir hatten der Karlsbader Wirtin, den 15. als Tag unserer Ankunft angegeben) uns nach Karlsbad aufmachen wollten.

Die Koffer wurden abgeladen, einem Mann mit einer Karre übergeben, der uns zum nächsten, gleich bei der Eisenbahn, vor der Stadt gelegnen Gasthof begleiten sollte. Aber in diesem Gasthof gab's nur noch ein freies Zimmer, und zugleich kündete uns der Wirt die schauerliche Mär, daß wir schwerlich anderswo ein Unterkommen finden würden, indem die Stadt überschwemmt sei, teils infolge eines Müller- und Bäckerkongresses, teils durch Leute aus allen Weltteilen, die sich von dort zu dem Bayreuther Narrenfest des Staatsmusikanten Wagner begeben wollten.

Und so war's. Wir irrten lange in der Stadt neben dem Karren herum; weder die kleinste Kneipe noch das größte Hotel bot Asyl; alles was wir gewannen, war eine oberflächliche Bekanntschaft mit dem Ursitz (höchst interessantem) des deutschen Knotentums. Also zur Eisenbahn zurück; dort hieß es, die Karlsbad nächstgelegne Stadt, wohin wir noch transportiert werden könnten, sei Weiden; nahmen Tickets für Weiden.

Der Herr Kondukteur hatte aber schon einen Tropfen (oder auch mehr) zu viel im Kopf; statt uns aussteigen zu machen bei Neunkirchen, von wo eine neu angelegte Zweigbahn nach Weiden, führte er uns bis Irrelohe (so ungefähr heißt das Nest), von wo wir wieder zwei ganze Stunden (auf der entgegengesetzten Seite der Hinfahrt) zurückzufahren hatten, um endlich um Mitternacht in Weiden anzukommen. Hier war wieder der einzige dort existierende Gasthof überfüllt, so daß wir auf den harten Stühlen der Eisenbahnstation bis 4 Uhr morgens auszuharren hatten. Im ganzen befanden wir uns 28 Stunden auf Reise von Köln bis Karlsbad! Dabei eine schamlose Hitze! ...

Jürgen Franzke

Karl Marx' Wurzeln und sein Schwabacher Vorfahre

Bekanntermaßen hat die Familie von Karl Marx jüdische Wurzeln. Viele seiner Vorfahren waren seit Generationen Rabbiner. Gerade in der Linie seiner väterlichen Großmutter Chaja befanden sich bedeutende Rabbiner. Eine Tradition, die bis in das 16. Jahrhundert nach Padua reichte. So war auch Chajas Vater Mosche Lwow, der zwar in Metz geboren, aber in Schwabach aufgewachsen war, ein Rabbiner in Trier wie sein Vater. Mit Chaja wurde dieses Amt, mangels männlicher Nachkommenschaft, an ihren Mann, an Mordechai Meier Marx Levy, übergeben. Zunächst lebten die Großeltern von Karl Marx in Saarlouis, das damals zum französischen Königreich gehörte. Dort wurden ihre ersten beiden Söhne geboren: 1775 Samuel und 1777 Heschel Marx Levy Mordechai, der 1814 aus wirtschaftspolitischen Gründen den Namen Heinrich annahm. Er war erfolgreicher Anwalt und Vater des Philosophen Karl Marx.

1792 kam es zum Krieg zwischen der alten deutschen Ordnungsmacht, dem Heiligen Römischen Reich und dem revolutionären Frankreich. Im August 1794 besetzten französische Truppen auch Trier und wälzten überall in den besetzten linksrheinischen Gebieten die alte Ordnung komplett um. Das Kurfürstentum Trier wurde abgeschafft und eine bürgerliche Verfassung eingeführt, der Grundbesitz von Klöstern und Adel wurde konfisziert und versteigert, darunter auch die besten Weinlagen. Doch wirtschaftlich besser wurde es für die Einwohner nicht, im Gegenteil, die französische Revolutions-Armee nahm sich, was sie brauchte und forderte zudem eine ungeheure Summe zur Finanzierung ihrer Kriegskasse, sodass Trier hohe Schulden anhäufen musste. Die große Mehrheit der Bevölkerung lehnte aber die „neuen Verhältnisse", insbesondere das Verbot ihrer Religion ab und hielt an ihrem katholischen Glauben fest. Nur einige Intellektuelle waren von den Ideen der französischen Revolution angetan, auch Karl Marx wurde über seine Lehrer stark davon beeinflusst.

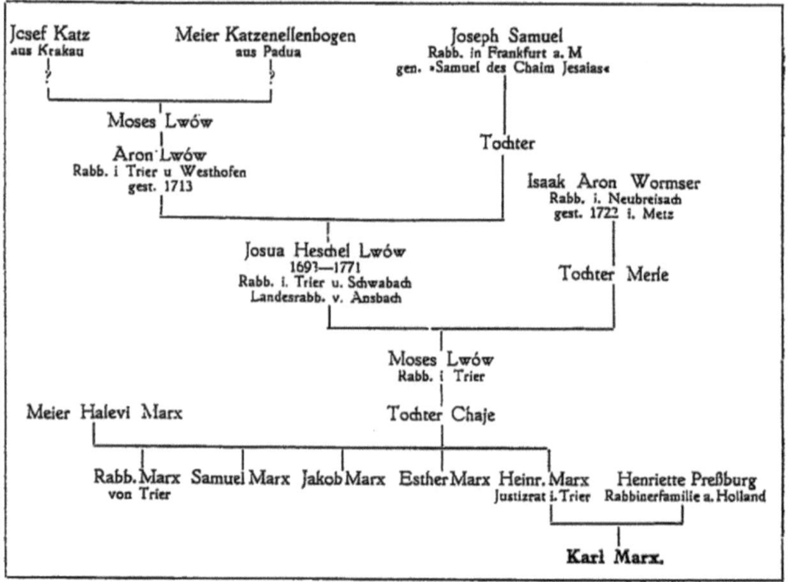

Als Napoleon Bonaparte das revolutionäre Regime in Frankreich zerschlug, suchte er auch eine Aussöhnung mit den besetzten deutschen Gebieten. Trier wurde wieder Bischofsstadt und Sitz der obersten Verwaltungsbehörde des Saardepartements. Für die jüdischen Bürger bedeutete dies, sich den kulturellen Normen der Gesellschaft anzupassen. Infolge der Napoleonischen Gesetze zwang der französische Staat die Juden, sich neben ihren traditionellen Namen einen bürgerlichen deutschen Familiennamen zuzulegen. Daher führte die Familie Marx Levy seit dem 4. Oktober 1808 den Familiennamen Marx.

Nach der endgültigen Niederlage Napoleons wurde der größte Teil des besetzten Rheinlandes und auch Trier auf dem Wiener Kongress von 1815/16 dem Königreich Preußen zugesprochen – und damit protestantisch. Dies führte im erzkatholischen Trier zu massivem Argwohn und Ablehnung der neuen Herren, insbesondere da Preußen enorme Steuererhöhungen durchgesetzt und die Region wirtschaftlich ausgebeutet hatte.

Für Heinrich Marx entwickelte sich die Situation jedoch positiv. Nach seinem Jurastudium in Koblenz zog er 1814 zurück nach Trier und arbeitete als Avoué, ein Berater für Rechtsfragen.

Nach dem Wiener Kongress wurde Trier jedoch preußisch. So untersagte die Kabinettsorder vom 3. März 1818 den Juden, Beamte, Richter, Offiziere, Anwälte oder Apotheker zu werden. Den Betroffenen blieb oft nur der Ausweg der Konversion. Um seinen Beruf nicht aufgeben zu müssen, ließ sich Heinrich Marx zwischen 1816 und 1819 evangelisch-protestantisch taufen. Damit stand seiner Karriere als erfolgreicher Rechtsanwalt in Trier nichts mehr im Wege. Seine Frau, Henriette Presburg, entstammte einer ungarisch-niederländischen wohlhabenden Geschäftsfamilie in Nimwegen. Ihr Vater war sowohl Textilhändler als auch Vorleser in der jüdischen Gemeinde, sie ließ sich erst nach dem Tod ihres Vaters 1825 taufen, nachdem ein Jahr zuvor die Kinder protestantisch getauft worden waren.

Dennoch war Heinrich Marx, der der Freimaurerloge „Hanseatischer Stern" angehörte, eher ein „Freigeist", der allerdings die Obrigkeit achtete. Von entscheidender Bedeutung war für ihn das „Suum cuique". Heinrich Marx forderte allgemeine Gesetze gegen Wucher. Politisch vertrat er die Idee einer Volksvertretung. Insgesamt wich bereits Heinrich Marx von der Religiosität seiner Vorfahren ab, Religion spielte in seiner Familie keine Rolle. Er interessierte sich sehr für Rousseau und sah sich der Aufklärung nach französischem Vorbild verpflichtet. Aus dem Briefwechsel zwischen Vater und Sohn folgte eindeutig, dass der Vater der ideologischen Bildung seines Sohnes Karl Marx zugestimmt und diese unterstützt hatte.

In jungen Jahren sah Karl Marx grundsätzlich die Religion als „das Opium des Volkes", weil sie hinderlich für die politische Befreiung der Gesellschaft sei. In der Kritik der Hegelschen Rechtsphilosophie schrieb er, sie diene dazu, die trostlose Existenz des Menschen durch Verweis auf das seligmachende Jenseits erträglicher zu machen. Dem jüdischen Glauben schenkte er wie dem christlichen Glauben keine besondere Wertschätzung, so ging es ihm bei der Beantwortung der „Judenfrage" um die Emanzipation des Menschen schlechthin: „Wir müssen uns selbst emanzipieren, ehe wir andere emanzipieren können."

Ob Marx sich im Alter dennoch auf seine jüdischen Vorfahren besann, wissen wir nicht. Dann nämlich hätte er entdecken können, dass sein Ur-Ur-Großvater, Josua Heschel Lwów, anfänglich Rabbiner in Trier, als Oberrabbiner in Schwabach tätig war, ebenso für das ansbachische Landrabbinat. Er wirkte als Koryphäe bei jüdischen Rechtsfragen von 1749 bis 1770. Im Alter von 78 Jahren starb er 1771 in Schwabach. Begraben wurde er auf dem jüdischen Friedhof in Georgensgmünd, wo allein aus Schwabach mehr als 500 Juden ihre letzte Ruhestätte gefunden hatten. Leider ist sein Grabstein nicht mehr erhalten. Georgensgmünd zählt zu den größten jüdischen Friedhöfen, die in Bayern erhalten geblieben sind mit nahezu 1800 Grabsteinen, wobei die ältesten aus dem 16. Jahrhundert stammen.

Für die mannigfaltigen Informationen und Text-Korrekturen zur Geschichte der Familie Marx geht mein besonderer Dank an die Schwabacher Heimatpflegerin, Ursula Kaiser-Biburger.

Hendrik Bebber im Gespräch mit Basil Bollocks

Der angebliche Briefwechsel zwischen Karl Marx und William Wilson erregte bei englischen Wissenschaftlern großes Aufsehen. Hendrik Bebber, der als London-Korrespondent für die „Nürnberger Nachrichten" und andere deutsche Tageszeitungen arbeitet, sprach darüber mit Professor Basil Bollocks, Leiter des Instituts für die Erforschung des Industriezeitalters an der Universität Oxford.

Wenn der in Nürnberg entdeckte Briefwechsel echt ist, dann kann man sich nur über diese seltsame Freundschaft zwischen dem deutschen Ökonomen und dem englischen Lokführer wundern. Wie erklären Sie sich diese?

Marx war Zeit seines Lebens von der Eisenbahn fasziniert. Sie war nach der „Sozialen Lage", Büchern und Pfeifenrauchen sein größtes Hobby. Er benutzte Stephensons Erfindung nicht nur als ein Vehikel für seine Theorien von den Produktivkräften, sondern die Eisenbahn wurde zu einer wahren Leidenschaft. Durch seine akribischen „Betrachtungen über das Eisenbahnwesen" wurde er quasi zum Vater der Trainspotter, wie wir hier in England die besessenen Bahnfans nennen. Seine Leidenschaft zeigt sich auch im Schreibstil. Hier vergisst er „die ganze ökonomische Scheiße", wie er selbstironisch einmal seine spröde Materie nannte und wird geradezu lyrisch. Lokomotiven sieht Marx als „Eiserne Rosse" mit einem „außerordentlich delikaten Organismus", die auf den „Knochen" der Gleise rollen. Marx verdankt Wilson sicherlich eine Menge Insider-Informationen und er zitiert häufig dessen Arbeitgeber Stephenson. Als echter Trainspotter kannte Marx natürlich auch die Namen der Lokomotiven.

Kannte er auch den „Adler", den sein Freund zwischen Nürnberg und Fürth bediente?

Marx war wahrscheinlich darüber eher herablassend, und der Stolz der Ludwigs-Eisenbahn entspricht seiner Beschreibung der ersten Prototypen: „Wie die meisten Maschinen in ihrer Kinderzeit, waren die Lokomotiven ursprünglich unansehnlich, ängstlich in ihrer Bewegung, gewissermaßen noch befangen in der Erinnerung an das altmodische Werkzeug, das sie ersetzten, und verhältnismäßig wohlfeil". Der Adler war vom gleichen Typ wie die „erste englische Lokomotive, sechsrädrig, kaum 6 Tonnen schwer, von einem Preis von 550 Pfd. St. Sie ist allmählich ersetzt worden durch Dampfmaschinen zum Preis von 3.000 Pfd. St., die 30 Passagierwagen, jeder 5,5 Tonnen schwer, 30 Meilen per Stunde oder 500 Tonnen Ware 20 Meilen per Stunde ziehen." In seiner Bahn-Besessenheit vergisst Marx nicht, welche Folgen diese Revolution des Transportwesens für die Arbeiter hat, die wenig aus der neuen Quelle für die Profitgier der Kapitalisten schöpfen können. Und er sorgt sich auch über die Belastung der Umwelt.

Tatsächlich war sich Marx dieses Problems voll bewusst, als er schrieb: „Ein solches Ungeheuer verschlingt für seinen täglichen Konsum eine Tonne Kohlen und 1.000 bis 1.500 Gallonen Wasser". Und er erwähnt auch den Raubbau an den Wäldern in der lakonischen Feststellung: „Der hölzerne Apparat des Netzes erheischt eine jährliche Neuzufuhr von 300.000 Bäumen, die einen Raum von 6.000 Acres Land zum Wachstum brauchen". Kurioserweise wurde Marx selbst ein Opfer dieses Baumfrevels …

Erstaunlich – Bitte erläutern Sie dies.

1864 hatte Präsident Abraham Lincoln den Yosemite-Nationalpark in Kalifornien gegründet. Hier entstand eine sozialistische Kolonie. Die Siedler gaben dem größten und stärksten der majestätischen Bäume den Namen von Karl Marx. Um 1890 stand die „Kaveah-Colony" der Expansion der „Southern Pacific Railroad" im Wege, die durch den Nationalpark eine Eisenbahnstrecke bauen wollte. Gesetzeswidrig wurden die Siedler enteignet, und die Bahngesellschaft taufte den größten lebenden Baum der Welt von Karl Marx in General Sherman um. Die Macht des Kapitals hatte wieder einmal die Macht des Proletariats besiegt.

Benutzte Karl Marx auch die Eisenbahn?

Ja, wenn auch nicht so häufig wie sein Freund Friedrich Engels, der von Manchester aus ständig auf der Schiene war. Dieser erholte sich von der dicken Luft der Midlands gerne in südenglischen Seebädern, wo ihm Marx zuweilen Gesellschaft leistete. Marx verließ London viel seltener, weil ihm auch wegen seiner prekären finanziellen Situation das Geld für eine Eisenbahnfahrkarte fehlte. Als sich seine Situation verbessert hatte, reiste er auf Anraten seines Freundes und seines Arztes, die sich Sorgen um seine Gesundheit machten, gelegentlich nach Bournmouth und Ramsgate. Um Geld zu sparen, verbrachte Marx dort seinen Kurzurlaub außerhalb der Touristensaison. Er reiste mit leichtem Gepäck und vermisste in der Pension seine Kontakte und seine Bücher. Trotz seines „Dahinvegetierens" fand Marx die Seeluft „erfrischend und belebend". Dank der Postzüge florierte die Korrespondenz zwischen Marx und Engels, und Marx freute sich besonders über die Geldscheine in den Briefen, mit denen Engels seinem Freund oft aus der Patsche half. Bis er in den letzten Jahrzehnten seines Lebens durch Erbschaften und als Korrespondent einer New Yorker Zeitschrift finanziell flüssiger wurde, pumpte er sich ständig Geld von Freunden und Bekannten, das er selten zurückzahlen konnte. Man kann wohl annehmen, dass er auch William Wilson „angehauen" hatte.

Nach Wilsons Tod ging in Nürnberg das Gerücht um, dass Marx zu dessen Beerdigung kommen und eine Trauerrede halten wollte. Ist das für Sie glaubhaft?

Ich halte dies für ziemlich unwahrscheinlich. Bei Wilsons Tod im Jahre 1862 steckte Marx immer noch in seiner finanziellen Dauerkrise und hätte sich die Reise nach Nürnberg kaum leisten können. Der Tod seines englischen Freundes traf ihn schwer, denn er hatte diesen um ein Empfehlungsschreiben gebeten. Marx hatte sich nämlich um eine Stelle als Kontorist in der Verwaltung der „Great Western Railway" beworben. Seine Situation war verzweifelt. Ein preußischer Polizeispitzel summierte die Armut und Verwahrlosung, in denen Marx und seine Familie hauste, mit den Worten: „Ein Lumpensammler würde sich schämen, so zu wohnen".

Bekam Marx den Job, die erste ‚Lohnarbeit' seines Lebens?

Nein, er wurde wegen seiner schlechten Handschrift abgelehnt. Aber es mögen auch politische Gründe dabei mitgespielt haben. Marx wurde nämlich von der Polizei observiert. In der Begründung, warum sein Antrag auf die britische Staatsbürgerschaft abgelehnt wurde, schreibt ein Sergeant Renners:

„Er ist ein notorischer deutscher Agitator, der Führer einer internationalen Gesellschaft und ein Advokat kommunistischer Prinzipien. Dieser Mann besitzt keine Loyalität zur Krone." Womöglich war die Eisenbahnverwaltung auch misstrauisch, Marx als Mitarbeiter mit noch mehr Munition für seine Analyse des kolonialen Eisenbahnnetzes in Indien zu beliefern.

Meinen Sie damit die Essays „Die künftigen Ergebnisse der britischen Herrschaft in Indien", die Marx für die „New-York Daily Tribune" in englischer Sprache verfasst hatte?

Diese Zeitungsartikel sind wohl das Widersprüchlichste im Werk von Karl Marx. Sie sprengen nämlich seine These von der Einheit des Kommunismus und des Antiimperialismus. Auf der einen Seite verdammt Marx die Kolonialherren, auf der anderen Seite sieht er sie als die Kraft, die Indien von dem Joch seiner Geschichte befreite, die von einer ‚barbarischen' Fremdherrschaft nach der anderen bestimmt war. Die Briten waren die ersten ‚zivilisierten' Kolonialherren, die den Subkontinent unterwarfen. Sie standen laut Marx auf einer „höheren Entwicklungsstufe und waren daher der Hindu-Zivilisation unzugänglich".

Marx sah deswegen eine ‚doppelte Mission' für die Briten in Indien, „eine zerstörende und eine erneuernde – die Zerstörung der alten asiatischen Gesellschaftsordnung und die Schaffung der materiellen Grundlagen einer westlichen Gesellschaftsordnung in Asien". Er ist voll des Lobes über die freie Presse, die Bildung und die Auflösung des indischen Dorfsystems, „dieser kleinen, halb barbarischen, halb zivilisierten Gemeinwesen, in denen Aberglaube und das Kastensystem herrschten". Doch Marx kommt zu dem Schluss, dass „die herrschenden Klassen Großbritanniens nur ein gelegentliches, vorübergehendes und eine Ausnahme bildendes Interesse an einem Fortschritt Indiens haben. Die Aristokratie wollte es erobern, die Plutokratie ausplündern, die Millokratie verschleudern".

Und welche Rolle spielt dabei die Eisenbahn?

Marx sah in dem Eisenbahnnetz, mit dem die Briten Indien überzogen, „(...) den Vorläufer einer modernen Industrie. In ihrem Gefolge wird die überkommene Arbeitsteilung und damit die Grundlage der indischen Kasten aufgehoben, die Indiens Fortschritt und Indiens Machtentfaltung so entscheidend behindert haben". Wie er seinen amerikanischen Lesern erklärte, hörte er im Rattern der Züge das Signal der Revolution: „Die Inder werden die Früchte der neuen Gesellschaftselemente, die die britische Bourgeoisie in ihrem Lande ausgestreut haben, nicht eher ernten, bis in Großbritannien selbst die heute herrschenden Klassen durch das Industrieproletariat verdrängt, oder die Inder selbst stark genug geworden sind, um das englische Joch ein für allemal abzuwerfen." Solche Ansichten freilich qualifizieren kaum für die Einstellung als Kontorist in einer englischen Eisenbahnverwaltung.

Marx war ein armer Schlucker. William Wilson verdiente in Nürnberg mehr als der Direktor der Ludwigs-Eisenbahn. Wie brachte sein Freund dies mit der Ausbeutung der Arbeiterklasse unter einen Hut?

Im „Kapital" hatte Marx den Begriff „Arbeiteraristokratie" geprägt, in die er wohl Wilson einordnete. Für Friedrich Engels hat es „diese fertig gebracht, sich eine verhältnismäßig komfortable Lage zu erzwingen, und diese Lage akzeptiert sie als endgültig."

Wilson schien auch äußerlich das Bild eines „Arbeiter-aristokraten" zu verkörpern. Er war berühmt dafür, dass er stets wie ein Gentleman mit Zylinder und Gehrock auf dem Führerstand des Adler erschien. Was führte zu dieser Marotte?

Es gibt Theorien, dass Wilson in seinem Gehabe und seiner Garderobe mehr von dem amerikanischen Schriftsteller Edgar Allen Poe beeinflusst wurde, als von Marx' Vorgabe eines Arbeiteraristokraten. Schließlich trug er den gleichen Namen wie der Titelheld in der berühmten Kurzgeschichte Poes. Dieser „William Wilson" wurde auf einer englischen Privatschule erzogen und besuchte die Universität in Oxford. Marx, der ein begeisterter Leser des Horror-Autors war, lieh Wilson ein Buch mit Poes Geschichten, die der von Literatur unbeleckte Mechaniker aus der englischen Industriezone bei der Überführung des Adler nach Nürnberg verschlang. Seine Eitelkeit führte wohl auch zum Tode Wilsons. Er zog sich in der eleganten, aber viel zu leichten Bekleidung auf dem offenen Führerstand des Adler eine schwere Erkältung zu, von der er sich nie erholte.

Marx-Wilson-Poe: es wird immer bunter. Gibt es einen Zusammenhang zwischen den drei Männern?

Sie waren Zeitgenossen, und Poe ging in London zur Schule. So könnte es durchaus möglich gewesen sein, dass der amerikanische Schriftsteller Marx und Wilson einmal in dem Pub am Piccadilly Circus getroffen hatte und ihm spontan der Name für seine Doppelgänger-Geschichte einfiel. William Wilson wurde bestimmt öfters darauf angesprochen, denn die Story war auch in Deutschland ein Bestseller.

Poe ist ja mehr bekannt für seine Erfindungen raffinierter Foltermaschinen. Interessierte er sich auch für Eisenbahnen oder gar Marx?

Durchaus. Zu seinen journalistischen Glanzleistungen gehört eine Reportage über den gewaltsamen Widerstand der Bürger in der amerikanischen Kleinstadt Kensington gegen den Bau einer Eisenbahnstrecke auf der Hauptstraße. An diesem Sieg des Volkes über den Monopolkapitalismus hätte auch Marx seine Freude gehabt. Die Eisenbahn spielte auch eine makabere Rolle beim Tode des amerikanischen Schriftstellers. Sein Grabmonument wurde von einem entgleisten Zug zerstört, der in die Werkstatt des Steinmetzen prallte. Marxistische Literaturkritiker beschäftigten sich übrigens eingehend mit Poes Werken. Walter Benjamin stellte zum Beispiel einen interessanten Zusammenhang zwischen Poe, Marx und Baudelaire her.

Es gibt eine Fülle von bizarren ‚fakes' zu Karl Marx. So wird behauptet, dass er ein Agent des britischen Geheimdienstes gewesen sei. Ein Ghostwriter hätte seine wichtigen Werke verfasst, um die wirtschaftliche Konkurrenz Deutschlands zu Großbritannien dort mit einem Klassenkampf zu stören. Was ist Ihr Lieblings-‚fake'?

Nach seinem Tode wollte Lenin unbedingt einmal Karl Marx im Jenseits treffen und wartete auf dem Bahnhof auf ihn. Er suchte ihn zunächst vergebens auf dem Bahnsteig und entdeckte ihn schließlich im Wartesaal für die erste Klasse. Wutschnaubend hielt Lenin ihm dieses bourgeoise Privileg vor. Marx zündete sich gemächlich seine Pfeife an und entgegnete: „Du hättest meine Werke besser lesen sollen. Ich habe den Kommunismus nicht erfunden, damit jeder in der dritten Klasse reist, sondern in der ersten!"

Karl Marx hat sich bei Stephenson um eine Stelle beworben. Er bekam sie nicht wegen seiner miserablen Handschrift. Freilich vermutet der Professor, dass Marx zu dieser Zeit bereits vom englischen Geheimdienst observiert wurde. Er hatte nämlich einen Zusammenhang mit der britischen Kolonisierung Indiens und dem Errichten des dortigen Eisenbahnnetzes hergestellt. Deshalb wollte man ihm nicht Gelegenheit geben, als Angestellter der GWR das System auszuspionieren.

Marx und Wilson trafen sich mit dem amerikanischen Schriftsteller Edgar Allan Poe. Dieser wählte den Namen Wilson für den Helden seiner Erzählung „William Wilson“. Das erklärt wohl auch nach Meinung des Professors Bollock, warum sich Wilson hinfort immer wie ein Gentleman kleidete und aufführte und damit in Nürnberg großes Aufsehen erregte.

Anhang

Verwendete Literatur (Jürgen Franzke):

Jürgen Franzke, Der Ludwigs-Bahnhof am Plärrer, in: DB Museum (Hrsg.), Der ADLER, Deutschlands berühmteste Lokomotive, Nürnberg 2011

Claudius Karlinger, Die ersten Bahnhöfe der Ludwigs-Eisenbahn-Gesellschaft, in: DB Museum (Hrsg.), Der ADLER, Deutschlands berühmteste Lokomotive, Nürnberg 2011

Ulrich Kuhnle, Matthias Murko, Mühlarzt und Mechanikus, Johann Wilhelm Spaeth und seine Maschinenfabrik, in: Centrum Industriekultur, Räder im Fluß, Nürnberg 1986

Rainer Mertens, Die Entstehung der Ludwigs-Eisenbahn, in: DB Museum (Hrsg.), Der ADLER, Deutschlands berühmteste Lokomotive, Nürnberg 2011

Rainer Mertens, Johannes Scharrer und Georg Zacharias Platner – Initiatoren der Ludwigs- Eisenbahn, in: DB Museum (Hrsg.), Der ADLER, Deutschlands berühmteste Lokomotive, Nürnberg 2011

Rainer Mertens, William Wilson – Lokführer und Ingenieur; in: DB Museum (Hrsg.), Der ADLER, Deutschlands berühmteste Lokomotive, Nürnberg 2011

Pascal Metzger, Maschinenfabrik, Eisengießerei und Brückenbauanstalt Joh. Wilh. Spaeth (1829-1969), Nürnberger Werkstücke zur Stadt- und Landesgeschichte, Band 69, Nürnberg 2011

Wolfgang Mück, Deutschlands erste Eisenbahn mit Dampfkraft, 2. neubearbeitete Auflage, Fürth 1985

Franziska Richter, Robert Stephenson – der Schöpfer des Adlers, in: DB Museum (Hrsg.), Der ADLER, Deutschlands berühmteste Lokomotive, Nürnberg 2011

Stadtlexikon Nürnberg, Nürnberg 1999, zwei Artikel zu Spaeth v. Rainer Gömmel und Martina Bauernfeind

Quellen:

Akten der Ludwigs-Eisenbahn-Gesellschaft, DB Museum Archiv
Stadtarchiv Nürnberg (StadtAN)

Bildnachweise

Archiv/Foto Jürgen Franzke:
S. 34, 38, 40/41, 46/47, 50, 51, 52, 53, 66, 67, 72

DB Museum:
S. 30, 31, 37, 44/45, 49, 61

Freunde der Nürnberg-Fürther Straßebahn e.V.
S. 89: Postkartenmotiv Nr. 516 einer Serie des Vereins Freunde der Nürnberg-Fürther Straßenbahn, 1981

Kunstsammlungen der Stadt Nürnberg
S. 28

Museum Industriekultur:
S. 20/21, 22, 25, 89

StadtAN: Stadtarchiv Nürnberg:
S. 56: E9_379_I_371_8
S. 58/59: E9_379_II_5241_1
S. 60: E9_379_I_371_6;
S. 62/63: C7_I_GR_905_2
S. 64: A47_KS_038_15_L
S. 74 oben: A47_KS_110_IXa; S. S. 74 unten: A47_KS_133_30
S. 76/77: E103_V
S. 80/81 oben: A41_Repro_71_I
S. 80/81 unten: A41_Repro_71_II
S. 82: A38_D_77_III
S. 84/85: A41_Repro71_V
S. 86: A40_L_2500_25
S. 88: A40_L_3852_4

***Schrenk-Verlag, Archiv*:**
S. 11, 39, 94, 100/101, 108, 110
S. 120: https://de.wikipedia.org/wiki/Samuel_Marx_(Rabbiner)

Die Autoren

Dr. Jürgen Franzke
1946 in Schwabach geboren, Studium der Soziologie, Politologie, Philosophie und Geschichte, seit 1979 wiss. Mitarbeiter, 1993 Leiter des Museums Industriekultur. Ab 1996 Direktor des DB Museums, seit 2011 freiberuflich tätig als Autor und Ausstellungsmacher.

Regine Franzke M.A.
1959 in Regensburg geboren, Studium der Kunstwissenschaften, wiss. Mitarbeiterin im Kulturreferat der Stadt Nürnberg, seit 2010 Sammlungsleiterin und Ausstellungskuratorin am Museum Industriekultur

Prof. Dr. Hermann Glaser
1928 in Nürnberg geboren. Studium der Germanistik, Anglistik, Geschichte und Philosophie in Erlangen und Bristol 1947 bis 1952; Promotion 1952; Lehramtsexamen und Eintritt in den Schuldienst. Von 1964 bis 1990 Schul- und Kulturdezernent der Stadt Nürnberg. Autor zahlreicher Bücher und Aufsätze zu pädagogischen, sozialwissenschaftlichen, kulturgeschichtlichen und kulturpolitischen Themen. Bis 1990 Vorsitzender des Kulturausschusses des Deutschen Städtetags. Mitglied des PEN, Honorarprofessor an der TU Berlin. – Glaser wurde mit dem Waldemar-von-Knoeringen-Preis, Schubart-Preis, Großen Kulturpreis der Stadt Nürnberg, Verdienstkreuz am Bande des Verdienstordens der Bundesrepublik Deutschland und dem Wolfram-von-Eschenbach-Preis ausgezeichnet.

Dr. Johann Schrenk
1948 in Augsburg geboren, absolvierte ein Studium der Soziologie sowie der Wirtschafts- und Sozialgeschichte. Er arbeitete in der Forschung und der Industrie, ist heute Schriftsteller und Verleger. Für zahlreiche Verlage hat er Reisehandbücher geschrieben oder Bildbände betextet, u.a. für Merian, HB-Bildatlas, Kunth oder Michael Müller. Für seine schriftstellerische Tätigkeit wurde er mit einem Förderpreis der Goethe-Stiftung in Basel ausgezeichnet.

Hendrik Bebber
Der England-Korrespondent vieler deutscher Tageszeitungen arbeitete für die „Nürnberger Nachrichten“. Er ist in Nürnberg beheimatet, hat an der FAU Erlangen-Nürnberg studiert und lebt heute in Bath/England. Mit Hermann Glaser verband ihn eine enge Freundschaft.

Verlagswerbung